DEREK PRINCE

TANRI'NIN KUTSAMASINA
GİRİŞ

I0157822

GDK

GDK YAYIN NO: 206
KİTAP: Tanrı'nın Kutsamasına Giriş
ORİJİNAL ADI: Gateway to God's Blessing
YAZAR: Derek Prince
ÇEVİRMEN: Sezar İnceoğlu
KAPAK: Keğanuş Özbağ

ISBN: 978-1-78263-467-6
T.C. Kültür ve Turizm Bakanlığı Sertifika No: 16231

© **Gerçeğe Doğru Kitapları**
Davutpaşa Cad. Emintaş
Kazım Dinçol San. Sit. No: 81/87
Topkapı, İstanbul - Türkiye
Tel: (0212) 567 89 92
Fax: (0212) 567 89 93
E-mail: gdksiparis@yahoo.com
www.gercegedogru.net

Kitapla ilgili görüşleriniz için: derekprinceturkey@gmail.com

Kutsal Kitap alıntıları, aksi belirtilmedikçe
Türkçe *Bible Server.Com*'dan yapılmıştır.

Baskı: Anadolu Ofset – Tel: (0212) 567 89 93
Davutpaşa Cad. Emintaş Kazım Dinçol San. Sit.
No: 81/87 Topkapı, İstanbul
1. Baskı: Kasım 2013

İÇİNDEKİLER

BÖLÜM 1

TANRI'NIN GÜCÜ VE BİLGELİĞİ

Kutsal Kitap'ın (ve Hristiyan inancının) büyük bir kısmı, bu dünyanın bilgeliği ve yollarıyla doğrudan zıttır. Dünya belirli bir şekilde düşünür, belirli standartları vardır ve belirli ilkelere göre işler.

Tanrı'nın Kendi Sözü'nde açıkladığı şey ise genellikle dünyanın bu işleyişine doğrudan zıttır. Kutsal Kitap'ın paha biçilemez bereketlerinden birisi dünyanın şehveti ve günahlı yolları yüzünden tuzağa düşmeyelim diye, bu yaşam yolculuğunu Tanrı'nın bakış açısıyla yürümemizi sağlamasıdır.

Peygamber Yeşaya, Tanrı'nın yollarının ve düşüncelerinin insanınkilerden ne denli uzak olduğunu oldukça etkili bir şekilde bize anlatıyor. Tanrı adına konuşurken Yeşaya şöyle diyor:

"'Çünkü benim düşüncelerim sizin düşünceleriniz değil, sizin yollarınız benim yollarım değil' diyor RAB. 'Çünkü gökler nasıl yeryüzünden yüksekse, yollarım da sizin yollarınızdan, düşüncelerim düşüncelerinizden yüksektir'" (Yeşaya 55:8-9).

Tanrı'nın yollarının düzeyiyle insanın yollarının düzeyi arasında insanın kapatamayacağı muazzam bir boşluk vardır. İnsanın yolları dünyasal düzeydedir, Tanrı'nın yolları ise göksel düzeydedir.

Ancak yine de iyi bir haber var: Tanrı, Kendi yollarının ve düşüncelerinin bizim dünyasal düzeyimize inerek açığa çıkmasına imkân sağlamıştır. Bu imkânı sağlayan O'nun Sözü'dür. Yeşaya 55. bölümün 10 ve 11. ayetlerinde Tanrı peygamber aracılığıyla konuşmaya devam ediyor:

"Gökten inen yağmur ve kar, toprağı sulamadan, yeri yeşertmeden, ekinciye tohum, yiyene ekmek vermeden nasıl göğe dönmezse, ağzımdan çıkan söz de öyle olacaktır. Bana boş dönmeyecek, istemimi yerine getirecek, yapması için onu

gönderdiğim işi başaracaktır" (Yeşaya 55:10-11).

Tanrı, yağmurun ve karın dünyaya inip toprağın ürün vermesini sağlaması gibi Sözü'nün de yeryüzüne inip Kendi tasarılarını gerçekleştireceğini söylüyor.

Bu fikir, Tanrı'nın gücü ve bilgeliği ile insanın gücü ve bilgeliği arasındaki farkı ortaya koyar. Tanrı'nın standartları bizimkilerden tamamıyla farklıdır, ancak O'nun Söz'ü ile bu gerçekleri Tanrı'nın gözünden görebiliriz.

Pavlus da Yeni Antlaşma'da Tanrı'nın güç ve bilgelik standartlarıyla bu dünyanınkiler arasındaki farkları ortaya koyuyor:

"Yahudiler doğaüstü belirtiler ister, Grekler'se bilgelik arar. Ama biz çarmıha gerilmiş Mesih'i duyuruyoruz. Yahudiler bunu yüzkarası, öteki uluslar da saçmalık sayarlar. Oysa Mesih, çağrılmış olanlar için –ister Yahudi ister Grek olsun– Tanrı'nın gücü ve Tanrı'nın bilgeliğidir. Çünkü Tanrı'nın 'saçmalığı' insan bilgeliğinden daha üstün, Tanrı'nın 'zayıflığı' insan gücünden daha güçlüdür" (1. Korintliler 1:22-25).

Dünyanın gözünde saçmalık ve zayıflık olan şeyler Tanrı'nın gözünde bilgelik ve güçtür.

Pavlus'un Tanrı'nın saçmalığı ve güçsüzlüğünü tanımlamak için yalnızca iki sözcük kullandığının farkına varmamız önemlidir: *"Çarmıha gerilmiş Mesih"* (23. ayet). Tanrı'nın "saçmalığı" ve "zayıflığı" olan şey İsa'nın çarmıha gerilmesidir. Ne var ki bu "saçmalık", insanların çarmıhın karşısına koyabilecekleri herhangi bir şeyden daha bilgece ve güçlüdür. Çarmıh (utancın, zayıflığın ve mağlubiyetin nihai sembolü); yüceliğe, güce, bilgeliğe ve zafere giden yoldur. İşte, Tanrı'nın yollarıyla insanın yolları arasındaki çarpıcı fark budur.

Çarmıhı Tanrı'nın planladığını unutmayalım. Çarmıh, Tanrı'nın sonradan hazırlık yapmak zorunda kaldığı beklenmedik bir felaket değildi. Aksine, ilahi bir tasarının gerçekleşmesiydi (Tanrı bilgeliğinin ve gücünün bir ifadesi).

Pentekost gününde Yahudi halkına İsa'nın ölümünden bahseden Petrus O'nun hakkında bakın ne diyor:

"Tanrı'nın belirlenmiş amacı ve öngörüsü uyarınca elinize teslim edilen bu adamı, yasa tanımaz kişilerin eliyle çarmıha çivileyip öldürdünüz" (Elçilerin İşleri 2:23).

Şu ifadeye dikkat edin: "Tanrı'nın belirlenmiş amacı ve öngörüsü." Tanrı İsa'nın çarmıha gerileceğini biliyordu. İsa da çarmıha gerileceğini biliyordu ve öğrencilerini bunun hakkında defalarca uyarmıştı (örnek ayetler için bkz. Matta 20:17-19; 26:2; Markos 10:32-34; Luka 18:31-33). İsa olacakları onlara detaylı bir şekilde anlatmıştı.

Ancak öğrenciler Tanrı'nın bilgeliğini ve gücünü anlamadıklarından (çünkü hala bu dünyanın insanları gibi düşünüyor ve çarmıhı zayıflık, saçmalık ve yenilgi olarak görüyorlardı) İsa'nın onlara söylediklerini kavrayamıyorlardı. Çarmıhın Tanrı'nın bilgeliği ve gücünün ifadesi olduğunu, O'nun tasarısının yüce ve kusursuz işleyişi olduğunu hatırlamamız önemlidir.

Vahiy 13:8'de İsa'yı "Dünya kurulalı beri boğazlanmış Kuzu" olarak nitelendiren güzel bir söylev görürüz. Bu bize İsa'nın ölümünün bir kaza olmadığını gösteriyor. Dünyanın gözünde bu saçmalık ve zayıflıktır, ancak gözleri Ruh ve Tanrı'nın Sözü tarafından açılanlara göre bu, bilgeliğin ve gücün doruğudur.

Pavlus, Korintlilere yazdığı ilk mektubunda bu dünyanın bilgeliği ile Tanrı'nın bilgeliğini tekrar karşılaştırıyor:

"Gerçi olgun kişiler arasında bilgece sözler söylüyoruz; ama bu bilgelik ne şimdiki çağın, ne de bu çağın gelip geçici önderlerinin bilgeliğidir. Tanrı'nın saklı bilgeliğinden gizemli biçimde söz ediyoruz. Zamanın başlangıcından önce Tanrı'nın bizim yüceliğimiz için belirlediği bu bilgeliği bu çağın önderlerinden hiçbiri anlamadı. Anlasalardı yüce Rab'bi çarmıha germezlerdi" (1. Korintliler 2:6-8).

Pavlus daha sonra peygamber Yeşaya'dan alıntı yapıyor:

"Yazılmış olduğu gibi, 'Tanrı'nın kendisini sevenler için hazırladıklarını hiçbir göz görmedi, hiçbir kulak duymadı, hiçbir insan yüreği kavramadı.' Oysa Tanrı Ruh aracılığıyla bunları bize açıkladı" (9-10).

Pavlus yeniden çarmıhla ilgili konuşuyor ve çarmıhın bu dünyanın insanlarının (özellikle de bu dünyanın yöneticilerinin) anlamadığı gizli bir bilgelik olduğunu belirtiyor. Çarmıh, henüz zaman yaratılmadan önce, bizim yüceliğimiz için

Tanrı tarafından karar verilen bir şeydi. Ne harika bir düşünce! Bu gizem yani çarmıhın bu gizli bilgeliği vasıtasıyla, hiçbir insan aklının kavrayamayacağı ve hayal edemeyeceği, hiçbir insan duyusunun fark edemeyeceği şeyleri görebiliriz: Tanrı'nın Kendisini sevenler için hazırladığı her şeyi. Bu yalnızca Kutsal Ruh ve yalnızca çarmıh aracılığıyla kavranabilir.

Yukarıdaki 1. Korintliler'den alıntı yaptığım bölüm beni daima heyecanlandırır, çünkü uzun yıllar felsefe üzerine öğrenim gördüm (daha sonra da öğretmen oldum). Felsefe "bilgeliği sevmek ya da aramak" anlamına gelir. Uzun yıllar boyunca bilgeliğin peşinden gittim, ancak bu yalnızca bu dünyanın bilgeliğiydi ve beni hiçbir zaman tamamen tatmin etmedi. Sonunda daha tatmin edici başka bir şeylerin olması gerektiğinin farkına vardım. Böylece Kutsal Kitap'ı araştırmaya ve İsa'yı tanımaya başladığımda Tanrı'nın Kendi halkı için sakladığı gizli bilgeliği keşfettim.

Ayrıca bu gizli bilgeliğe ulaşmanın bir tek yolu olduğunu da fark ettim. İçeri girebileceğimiz bir tek kapı var. Bu kapı çarmıhtır. Yalnızca İsa'nın bizim için çarmıhta ne yaptığını imanla benimsediğimizde ve yine yalnızca çarmıh ilkesinin yaşamlarımızda işlemesine izin verdiğimizde bu gizli bilgelik ve Tanrı gücü içimizde etkin olacaktır. O'nun bilgeliği dünya için saçmalıktır, O'nun gücü dünya için güçsüzlüktür. Ancak ne var ki Tanrı'nın bilgeliği dünyanın bilgeliğinden daha bilge ve Tanrı'nın gücü dünyanın gücünden daha güçlüdür.

BÖLÜM 2

GERÇEK GÜCÜN ÖLÇÜSÜ

Kutsal Kitap'ın paha biçilemez bereketlerinden birisi bu hayatı Tanrı'nın gözlerinden görmemizi sağlamasıdır. Tanrı'nın güce bakışı ve insanın güce bakışı birbiriyle taban tabana zıttır. Bu ihtilaf doğal olarak şunu sormamıza neden olur: "Tanrı'nın güç standardı nedir?"

Bu sorunun Romalılar kitabında Pavlus'un söylediği şu sözlerle cevaplandığına inanıyorum:

"İmanı güçlü olan bizler, kendimizi hoşnut etmeye değil, güçsüzlerin zayıflıklarını yüklenmeye borçluyuz" (Romalılar 15:1).

Tanrı, gücü nasıl ölçtüğü konusunda benim anlayışımı ilk açtığında bu bende derin ve uzun süren bir etki yarattı. Tanrı bana gücün Kutsal Kitap'a uygun göstergesinin neyi ne kadar yapabileceğimiz değil, başkalarının zayıflıklarını ne kadar taşıyabileceğimiz olduğunu öğretti. Kendi yeterliliklerinize göre güçlü olmak tatmin edicidir, ancak bu çok fazla ruhsal güç gerektirmez. Ruhsal güç ise başkalarının zayıflıklarını taşımanız durumunda gereklidir. Ruhsal gücün Tanrı ve Kutsal Kitap tarafından diğer insanlara ne kadar destek olabileceğimizin ve onların yüklerini ne kadar taşıyabileceğimizin bir ölçüsü olarak değerlendirildiğine inanıyorum. Benim için bu görev asla kolay olmamıştır.

Bu tür bir güç ve bu gücün ölçülme şekli bu çağın ruhuna tamamen terstir. Çağın ruhu şu inanç bildirgesini ilan etmektedir: "Kendin için elinden geldiğince fazla şey edin. Bırak zayıflar kendileriyle ilgilensinler."

Başkalarının zayıflıklarını taşıma meselesi yaşamın pek çok yönüne uygulanabilir, ancak biz burada bunlardan sadece birine bakacağız: Kürtaj sorunu. Kürtaj yalnızca bir cinayet olduğu için (Tanrı cinayeti yasaklar) tiksindirici bir şey değildir. Hayır; kökeninde, kürtajı haklı gösteren tutum tamamıyla Hristiyanlık karşıtıdır. Hristiyanlar olarak, zayıf olana sırtımızı dönmemeli ve kasten onları başımızdan savacak şeyler söylememeliyiz.

İlk yüzyıl Hristiyanlarının ayırt edici özelliklerinden birisi zayıf olanla ilgilenmeleri ve hastaları tedavi etmeleriydi. Onları yok saymadılar ve bu tutumları eski dünyayı etkiledi. Hristiyan olmayanlar, Hristiyanların kimseye verecek bir şeyleri olmayan ve sadece kendilerine yük olan bu insanlar için neden bu kadar uğraştıklarını anlayamıyorlardı.

Yük oluyorlar diye insanları başımızdan savmak güç değil zayıflıktır.

"Yük" diye adlandırılan (aciz ve güçsüz olanlar, imanda zayıf olan imanlılar) insanlar bizim ruhsal gücümüzü test ederler. Kendimizi ilk sıraya koymamızı ve bizi yalnızca aşağıya çekecek olan insanları unutmamızı bize salık veren bu çağın kurulu standartlarına göre yaşayamayız.

Bir Hristiyan olarak benim için ilk amaç yaptığım her şeyde İsa Mesih'i hoşnut etmektir. İsa'yı hoşnut etmek için yaşamaya başladığımızda, kaçınılmaz olarak bu çağın gidişatına ayak uydurarak yaşayan insanlardan tamamen farklı bir hayat yaşamaya başlarız.

Matta 5:13'te İsa, Hristiyanların "yeryüzünün tuzu" olması gerektiğini öğretir. Ben tuzun biz Hristiyanları ilgilendirecek üç pratik işlevi olduğuna inanıyorum.

Öncelikle tuz arıtır ve temizler, hafif seviyede bir mikrop öldürücüdür. Örneğin, boğazınız ağrıdığında tuzlu suyla gargara yapmak iyileşmeyi hızlandırır. Tuzlu solüsyonlar bazı tıbbi tedavilerde kullanılmaktadır. Deniz tuzu ise vücuttaki lekelerin kaybolmasına ve dişeti iltihabının önlenmesine yardım eder.

İkincisi, tuz bir koruyucudur. Soğutma dolaplarının henüz olmadığı dönemlerde, tuz etin korunması için kurutma amacıyla kullanılırdı. Denizciler etin uzun süren yolculuklarda sağlıklı kalabilmesi için tuzu koruma amacıyla kullanırlardı. Tuz etten rutubeti çeker, dolayısıyla bakterinin üreyebileceği temel bölgeyi de ortadan kaldırırdı. Böylece tuz eti çürümekten kurtarırdı.

Üçüncüsü de, tatsız ve yenemeyecek bir yemeğe konduğunda tuz yemeği lezzetli ve yenebilir kılar.

Hristiyanlar olarak tuzun doğal düzende yaptığı bu şeyleri yapmakla yükümlüyüz.

Öncelikle varlığımız, yaptığımız etki ve dualarımızla toplumumuzu arıtmaktan ve temizlemekten sorumluyuz. Kötülüğün güçlerine razı olmadan, onlara etkin bir şekilde karşı koyarak arıtıcı bir etki bırakmak durumundayız.

İkincisi; toplumumuzu onu mahvetmeye çalışan yozlaşmanın güçlerini durdurarak korumak bizim görevimizdir. Açıkça görünen yozlaşma hayatlarımızın her alanında etkindir: Sosyal, politik, ahlaki ve eğitim alanında. Ancak bizler, yozlaşmanın bu güçlerini engelleyecek düzeyde bir etki bırakmak ve onlara hareket özgürlüğü tanımamakla yükümlüyüz.

Üçüncü olarak da; tuz yemek için neyse biz de toplum için o olmalıyız. Toplum için lezzetli, kabul edilebilir ve Tanrı'ya makbul kişiler olacağımız bir yer yaratmalıyız. Kendi varlığımızla toplumumuzu Tanrı önünde kabul edilebilir kılmamız gerekiyor. Kendi varlığımızla Tanrı'nın yargısını durdurmalı ve insanları O'nun merhametine emanet etmeliyiz.

Bunu yapabileceğimiz temel yollardan biri, hakkında dünyanın hiçbir fikrinin dahi olmadığı türde bir gücün (acımasız, zalim ya da saldırgan olmayan bir gücün) var olduğunu dünyaya ispat etmektir. Bu güç başkalarına baskı yapmaz, ancak onları yükseltir; bu güç sömürmez ve köleleştirmez ancak önemser ve özgürleştirir; bu güç yok etmez, ancak iyileştirir.

BÖLÜM 3

GÜÇ DEĞİŞİMİ

Bu dünyanın tanıdığı güç, birçok politik ve askeri sistemde gördüğümüz türde bir güçtür. Bu tür bir güç hâkim olmak, kontrol etmek, zapt etmek ve hükmetmek için kullanılır. Böyle bir güç kendi (bencillikle yönlendirilen) iradesini zorla kabul ettirir. Yönetimindekilerin iyiliğinden çok kendisiyle ilgili sonuçlarla ilgilidir.

Vahiy kitabında Yuhanna'nın aktardığı Kutsal Kitap'ın bu çağın kapanışı hakkındaki peygambersel öngörüsünde ortaya çıkan çeşitli politik güçlerin vahşi canavarlara benzetilmiş olması oldukça dikkat çekicidir: Aslan, ayı, leopar vs. Bu yırtıcı hayvanlar dünyanın değer verdiği ve güvenceye almak için çabaladığı türden bir güç sergilerler. Vahiy Kitabı, çağın sonu yaklaşırken açığa çıkacak olan olaylarda böyle bir gücün gittikçe artan ölçüde belirgin bir rol oynayacağına işaret eder.

Vahiy kitabı, yalnızca Mesih karşıtının ve Şeytan'ın aldatmasının ortaya çıkacağını bildirmiyor, aynı zamanda da Tanrı'nın bütün tasarılarının zaferle sonuçlanacak şekilde işlemeye başlayacağının da bir tasvirini yapıyor. İsa burada evrenin egemen Rab'bi olarak gösteriliyor. O'na *"Yahuda oymağından gelen Aslan"* unvanının verilmiş olduğunu görüyoruz (Vahiy 5:5). Ancak Yuhanna tayin olunan Kişi'yi gördüğünde, gördüğü şey bir aslan değil bir Kuzu (boğazlanmış gibi duran bir Kuzu) idi.

"Bunun üzerine ihtiyarlardan biri bana, 'Ağlama!' dedi. 'İşte, Yahuda oymağından gelen Aslan, Davut'un Kökü galip geldi. Tomarı ve yedi mührünü O açacak.'

Tahtın, dört yaratığın ve ihtiyarların ortasında, boğazlanmış gibi duran bir Kuzu gördüm. Yedi boynuzu, yedi gözü vardı. Bunlar Tanrı'nın bütün dünyaya gönderilmiş yedi ruhudur" (Vahiy 5:5-6).

Orada, evrenin tam ortasında (nihai yetkinin ve onurun olduğu yerde) boğazlanmış gibi duran bir Kuzu vardı. Yuhanna bir aslan görmeyi bekliyordu, ancak gördüğü şey boğazlanmış bir

Kuzu'ydu. Benim yorumuma göre bu yazılanlar, dünyanın ve Tanrı'nın güç konusundaki bakış açıları arasındaki farkı açıklamanın mümkün olan en net yoludur. Dünya aslanı güç ve kudretin simgesi olarak görür. Tanrı ise kuvvetli bir aslanda değil ama boğazlanmış yumuşak başlı ve masum bir Kuzu'da farklı bir güç görmektedir.

Tanrı'nın güç olarak gördüğü şeyi dünya zayıflık olarak kabul eder, Tanrı'nın bilgelik olarak gördüğü şeyi dünya saçmalık sayar. Pavlus'un Korintlilere yazdığı birinci mektubunda bize ne söylediğini hatırlayın:

"Çünkü Tanrı'nın 'saçmalığı' insan bilgeliğinden daha üstün, Tanrı'nın 'zayıflığı' insan gücünden daha güçlüdür" (1. Korintliler 1:25).

Tanrı'nın gücü bize yalnızca bir tek yolla gelebilir: İsa Mesih'in çarmıhı. Çarmıhta, yücelerden buyrulan bir takas gerçekleşmiştir. İsa, günahsız Tanrı Oğlu; bizler O'nun hak ettiği iyiliğe erişebilelim diye, biz isyankâr günahkârları bekleyen kötülüğü kendi üzerine aldı. İsa, biz O'ndaki hayata kavuşabilelim diye bizim yerimize öldü. Biz doğru kılınalım diye O günah oldu. Biz kutsanalım diye O lanete uğradı. Biz iyileşelim diye O yaralandı.

Çarmıhtaki ölümü aracılığıyla İsa zayıflığa ve saçmalığa büründü, öyle ki biz bunun aracılığıyla Tanrı'nın gücünü ve bilgeliğini kuşanabilelim. Tanrı çarmıh yoluyla zayıflığımızın yerine Kendi gücünü ve akılsızlığımızın yerine Kendi bilgeliğini sunmaktadır. Bu armağanlara yalnızca çarmıhın dibinde imanla ve sabırla bekleyerek kavuşabiliriz.

Yeşaya kitabı doğal güçle Tanrı'nın gücü arasındaki farkı ve kendi sınırlı doğal gücümüzün yerine Tanrı'nın sınırsız gücünü nasıl elde edebileceğimizi çok güzel bir şekilde anlatmaktadır:

"Bilmiyor musun, duymadın mı? Ebedi Tanrı, RAB, bütün dünyayı yaratan, ne yorulur ne de zayıflar, O'nun bilgisi kavranamaz. Yorulanı güçlendirir, takati olmayanın kudretini artırır. Gençler bile yorulup zayıf düşer, yiğitler tökezleyip düşerler. RAB'be umut bağlayanlarsa taze güce kavuşur, kanat açıp yükselirler kartallar gibi. Koşar ama zayıf düşmez, yürür ama yorulmazlar" (Yeşaya 40:28-31).

Bu bölümde dünyasal güçle ilahi güç arasındaki zıtlığı net bir şekilde görüyoruz. Dünyasal güç gençlerle ve yiğitlerle özdeşleştiriliyor, ancak onların bu doğal gücü yeterli değildir. *"Gençler bile yorulup zayıf düşer, yiğitler tökezleyip düşerler..."* (30. ayet). Buradaki ana fikir doğal gücün yeterli olmadığıdır.

Ancak doğal güç yerine geçebilecek bir güç var: Rab'bi beklersek "taze güce" kavuşacağız (31. ayet). Bu ifadenin İbranice tam tercümesi "güçleri değiştireceğiz" şeklindedir. Burada gerçekten de bir değiş tokuşa işaret ediliyor. Kendi gücümüzün sonuna gelmeliyiz, bu olduğunda kendi gücümüzden vazgeçerek bu zayıflığımızı Tanrı'nın gücüyle değiştiririz. Kendi gücümüzle yapabileceklerimizin sonuna geldiğimizde Tanrı'nın gücü bizde etkin olur.

Bakın Tanrı'nın gücü bizde nasıl değişikliklere sebep oluyor: *"[Biz] kanat açıp yükseleceğiz kartallar gibi, [biz] koşacağız ama zayıf düşmeyeceğiz, [biz] yürüyeceğiz ama yorulmayacağız"* (Yeşaya 40:31). Bu ayette gücün üç tanımını buluyoruz. Birincisi gökyüzünde, bir kartalın diğer tüm kuşlardan uzakta, heybetli ve yüksele

22

alçala yükseklere doğru süzülerek uçması. Bu uçuş görkemli ve dramatik bir uçuştur.

İkincisi de yoğun bir faaliyet olarak göze çarpıyor: "[Biz] koşacağız ama zayıf düşmeyeceğiz."

Üçüncüsü ise daha az yoğunlukta bir faaliyettir: "[Biz] yürüyeceğiz ama yorulmayacağız."

Sizce bunlardan hangisi daha zor? (Süzülerek uçmak mı, koşmak mı yoksa yürümek mi?) İnanın bana bu üçünün arasında en zoru, sıkıcı ve monoton görünebilen ve bizi bu hayatta yaşamaya değer bir şey olup olmadığını düşünmeye sevk eden bu gündelik ve zahmetli varoluşta yürümektir.

Ama eğer Tanrı'yı beklersek (eğer çarmıhın dibinde beklersek) bunların tümü için güç bulacağız: Süzüle süzüle uçmak için, koşmak için ve de yürümek için.

Pavlus 2. Korintliler'de zayıflıklarında nasıl güç bulduğuna dair kişisel tanıklıkta bulunmuştur. Pavlus alışılmışın dışında vahiyler alan bir adamdı. Tanrı ona, kendinden sonraki çağlarda yaşayan Hristiyanlara bereket olacak çok büyük bir gerçeği iletmişti. Ancak bunun için bir bedel ödemesi gerekti.

"Aldığım vahiylerin üstünlüğüyle gururlanmayayım diye bana bedende bir diken, beni yumruklamak için Şeytan'ın bir meleği verildi, gururlanmayayım diye. Bundan kurtulmak için Rab'be üç kez yalvardım. Ama O bana, 'Lütfum sana yeter. Çünkü gücüm, güçsüzlükte tamamlanır' dedi. İşte, Mesih'in gücü içimde bulunsun diye güçsüzlüklerimle sevinerek daha çok övüneceğim. Bu nedenle Mesih uğruna güçsüzlükleri, hakaretleri, zorlukları, zulümleri ve darlıkları sevinçle karşılıyorum. Çünkü ne zaman güçsüzsem, o zaman güçlüyüm" (2. Korintliler 12:7-10).

Pavlus'un hayatında etkin olan anormal ve şeytani bir ruhsal güç vardı, bu güç ona sık sık ıstırap veriyor ve çok büyük kişisel sorunlara sebep oluyordu. Bu çetin zorluğa rağmen Pavlus şu çelişkiden bahsediyor: *"Ne zaman güçsüzsem, o zaman güçlüyüm"* (10. ayet). Tanrı Kendi yüceliği ve lütfuyla Pavlus'un başına bela olan bu baskıyı ondan almıyordu, çünkü bu baskının Pavlus'un Tanrı'nın doğaüstü gücüne açık hale gelmesine yol açtığını biliyordu.

Kendi gücünüzün sonuna geldiğinizde (kendi bilgeliğinizin, aklınızın ve kabiliyetlerinizin sonuna) Tanrı'nın gücüne açık hale gelirsiniz. Bu her birimizin öğrenmesi gereken hayati bir sırdır. Hristiyan olarak yürüdüğümüz bu yolda kendi gücümüzle devam etmekten vazgeçeceğimiz bir yere varmalıyız (aciz, yetersiz ve güçsüz olduğumuzu kabul edeceğimiz yere). Yeşaya peygamberin de dediği gibi, Tanrı'nın ilahi gücünün ve bilgeliğinin bizim için ulaşılabilir olduğu yer orasıdır.

BÖLÜM 4

BUĞDAY TANESİ

Dünyanın tanıdığı ve değer verdiği güç; aslanların, kaplanların, leoparların vb. yırtıcı canavarların temsil ettiği türde bir güçtür. Orman kanunu bu gücün bildiği tek kanundur.

Tanrı'dan gelen güçse, boğazlanmışçasına bakan bir Kuzu'da görülmektedir (bkz. Vahiy 5:6.) Bu Kuzu, dünyanın gözünde gücün tam karşıt anlamına gelen iki özelliği bize göstermektedir: Yumuşak başlılık ve zayıflık.

Bu gerçek güç, sizin de hayatınızda her gün uygulanan bir teslimiyet aracılığıyla açığa çıkabilir. İsa bunu Luka İncili'nde açıkça ifade etti:

"Sonra hepsine, 'Ardımdan gelmek isteyen kendini inkâr etsin, her gün çarmıhını yüklenip beni izlesin' dedi, 'Canını kurtarmak isteyen onu yitirecek, canını benim uğruma yitiren ise onu kurtaracaktır'" (Luka 9:23-24).

İsa burada hiçbir istisnası olmayan evrensel ve mutlak bir gerçeği belirlemiştir. Eğer biri İsa'yı takip etmeye karar verirse, bu kişi üç şey yapmak zorundadır: Kendini inkâr edecek, her gün çarmıhını yüklenecek ve sonra İsa'yı izleyecek. Başka bir seçeneği yoktur.

İlk iki şartı yerine getirene dek (ilk olarak kendimizi inkâr etmek ve ikinci olarak da her gün çarmıhımızı yüklenmek) üçüncü adım olan İsa'yı izlemek imkânsızdır.

Kendimizi inkâr etmek ne anlama geliyor? Cevap sadeliğinin içinde gizlenmiştir. İnkâr etmek "hayır" demektir. İsa'nın talimatı budur. Kendimize "hayır" demek zorundayız.

Her birimizin içinde kendisini ön plana çıkarmak isteyen bir can bulunmaktadır. Canın kendine özgü bir dolu dilekleri, arzuları ve doyumsuzlukları vardır. Temel dürtü ve eğilimlerimizi doğuran candır ve bu dürtülerimizi bizler "İstiyorum", "Düşünüyorum", "Hissediyorum" ya da "Ben önemliyim" sözcükleriyle ifade ederiz. Canlarımız diğer insanlardan şu taleplerde bulunur: "Beni dikkate al!" veya "İhtiyacımı karşıla!" Canlarımızı kendimiz kontrol etmekten vazgeçmedikçe İsa'yı izleyemeyiz.

İlk adımı atarak kendimizi inkâr edebilmek için kendi canımıza "hayır" demeliyiz. Canımız "İstiyorum" dediğinde ona vereceğimiz yanıt: "Senin ne istediğin önemli değil" olmalıdır. Canımız "Şöyle düşünüyorum" dediğinde ona vereceğimiz yanıt: "Senin ne düşündüğün önemli değil. Tanrı'nın ne dediği önemlidir" olmalıdır. Canımız "Şöyle hissediyorum" dediğinde ona vereceğimiz yanıt: "Senin ne hissettiğin önemli değil. Benim neye inandığım önemlidir" olmalıdır. Canımızı susturmak için bir yanıt var ve ona karşı bu yanıtı vermeliyiz.

Her birimizin içinde konut kuran bencil cana "hayır" dedikten sonra da her gün çarmıhımızı yüklenmeyi öğrenmeliyiz. Çarmıhımızı yüklenmek, irademizi (ve hayatımız üzerindeki haklarımızı) Tanrı'nın iradesine teslim etmektir. İsa Getsemani bahçesinde iradesini bu şekilde Tanrı'ya teslim etti. O Kendi iradesini Babası'nın iradesine teslim etmeden ahşap çarmıhını yüklenmedi. Matta 26:39'da İsa: "'Baba' dedi, 'Mümkünse bu kâse benden uzaklaştırılsın. Yine de benim değil, senin istediğin olsun'" İsa, düşüncesinde Kendi iradesinden vazgeçmek pahasına Tanrı'nın istemini yapmaktan başka bir şey kalmayana dek bunu üç kez tekrarladı (39, 42 ve 44. ayetlerde). Çarmıhlarımızı yüklenmek demek, tam olarak İsa'nın bu yaptığını yapmak demektir. "Ey Tanrı, benim değil, senin istediğin olsun" diyebilmektir. İsa çarmıhta öleceğini biliyordu. Kimse zorla O'na çarmıhta ölmeyi kabul ettirmedi. Yuhanna İncili'nde söylemiş olduğu gibi:

"Canımı, tekrar geri almak üzere veririm. Bunun için Baba beni sever. Canımı kimse benden alamaz; ben onu kendiliğimden veririm. Onu vermeye de tekrar geri almaya da yetkim var" (Yuhanna 10:17-18).

Çarmıhlarımızı yüklenmek, kendimizi Tanrı'ya gönüllü olarak teslim etmek demektir. Buyruk İsa'nın hayatında olduğu gibi oldukça açıktır. İsa Getsemani Bahçesi'nde Tanrı'ya yakardı: *"Benim değil, Senin istediğin olsun"* (Luka 22: 42). İsa Kendini inkâr etti. Sonra da o tepede, çarmıh üzerinde Kendi hayatını verdi.

İsa bütün takipçilerinin örnek alması gereken bir yol çizmiştir. Bu yolu takip edenlerin kendilerini inkâr etmeleri ve İsa'nın ardından gitmeleri gerekir. Tanrı'nın bu dünyadaki yaşamlarının sonuna gelmelerini kararlaştırdığı yer ve zamanda ölmeye istekli olmaları gerekir.

Ne kadar değerli ve heyecan verici görünse de hayatlarımıza sıkıca tutunduğumuz sürece Tanrı'nın bizim için tasarladığı hayatı keşfedemeyeceğiz. Ancak bu yaşamlarımızı kaybedersek (vazgeçersek) işte o zaman Tanrı'nın bizler için açığa çıkaracağı bir başka hayatı keşfedeceğiz. Bu, tamamen O'nun iradesinde ve çarmıhın ötesine geçen bir hayattır.

Yuhanna 12'de İsa bu mesajı iletmek için kısmen daha farklı bir örnek kullanmıştır:

"Size doğrusunu söyleyeyim, buğday tanesi toprağa düşüp ölmedikçe yalnız kalır. Ama ölürse çok ürün verir. Canını seven onu yitirir. Ama bu dünyada canını gözden çıkaran onu sonsuz yaşam için koruyacaktır" (Yuhanna 12: 24-25).

İsa küçük bir buğday tanesi örneğini kullanıyor. Bu buğday tanesi kendisi olarak tohum sepetinde kalırsa hiçbir çeşit meyve ya da yaşam veremez. İsa bu buğday tanesinin toprağa düşüp yerin altına ulaşması gerektiğini söylemiştir.

Buğday gözden kaybolup toprağın karanlığında ve rutubetinde gizlendiğinde bir değişim başlar. Sert olan dış kabuk çürüyerek topraktaki nemin tohuma ulaşmasına olanak sağlar ve tüm bunları şöyle bir mucize takip eder: Gözden kaybolup ölüyor gibi görünen o buğday tanesinden tamamen farklı yepyeni bir yaşam meydana gelir. Yeni yaşamın yeşil filizi toprağın altından yukarıya doğru kuvvetli bir şekilde kendisine yol açmaya başlar ve gün ışığına doğru çıkmaya çalışır. İşte bu şekilde bir mucizenin ortaya çıkışına tanık oluruz.

Bu, Tanrı'nın bizim için tasarladığı yaşama ulaşmak adına kendi hayatımızı kaybetmemizin ne anlama geldiğini anlatan bir örnektir. Kendi yeteneklerimizden, gücümüzden ve bilgeliğimizden vazgeçiyoruz. Tüm insansal çabalarımızdan vazgeçiyoruz ve tüm kendine-yeterlilik iddialarımızı da geride bırakıyoruz. Bundan sonra, tohum ölüp de dış kabuk çürüdüğünde yeni bir yaşam gelecektir. Bu, İsa'nın öğrencilerine sunduğu ve bugün de bizlere sunmakta olduğu büyük bir davettir. Kendi yaşamlarımıza sahibiz ve yaşamlarımız bizim ellerimizde. Yaşamlarımıza küçük bir buğday tanesini sıkı sıkı tutar gibi istediğimiz

31

kadar tutunabiliriz, ancak yaşamlarımıza sıkı sıkıya tutunduğumuz sürece ıssız ve verimsiz bir yaşantımız olacaktır.

Dünya pek çok yalnız insanla doludur (yalnızlar çünkü kendi yaşamlarına sıkı sıkıya tutunuyorlar). Ve buna rağmen hala bundan vazgeçmezler. İsa diyor ki, eğer yaşamlarımıza sıkı sıkıya sarılmaktan vazgeçer ve bu uğurda kendimizi ölüm ve cefa sürecine teslim edersek bizde yeni bir yaşam başlayacaktır.

Her birimiz elimizde sıkıca tuttuğumuz yaşamımızı bırakmalı ve ondan vazgeçmeliyiz. Yaşamlarımızı Tanrı'ya teslim etmeliyiz. Bu fikir çılgınca veya mantığa aykırı görünebilir, ancak bizi tamamıyla yeni bir yaşama götürecektir. Bu fikir peşinden gitmeye değer bir fikirdir.

BÖLÜM 5

VAZGEÇMEYİ ÖĞRENENLER

Yeni Antlaşma'da İsa'nın çarmıhtaki ölümüyle tamamlanmış olsa da vazgeçme prensibi (Tanrı'nın iradesine teslim olma) Yeni Antlaşma döneminden çok daha önce ortaya çıktı. Vazgeçme prensibinin hayata geçirilmesi Kutsal Kitap'taki bütün Tanrı hizmetkârlarının hayatlarında öne çıkan bir olguydu. Tanrı'nın yaşamları için olan amacını gerçekten bulan o insanlar vazgeçmeyi öğrenmiş insanlardı.

Avram

Yaratılış 13'te İbrahim'in isminin henüz Avram olduğunu görüyoruz. O ve yeğeni Lut Kenan diyarında (vaat edilen topraklar) çobanlık yapan insanlardı. Her ikisi de son derece büyük bir zenginliğe erişmişti. Kendilerine ait birçok köleleri, hayvanları, sürüleri ve çadırları vardı. Sürekli artan zenginlikleri ve büyüyen aileleri onların aynı bölgede yaşayabilme olanaklarını imkânsız kılıyordu, bu yüzden İbrahim ve Lut için ayrılmak gerekliliği ortaya çıkmıştı.

Bu ayrılıkları Yaratılış 13:5-11'de şöyle açıklanıyor:

"Avram'la birlikte göçen Lut'un da davarları, sığırları, çadırları vardı. Malları öyle çoktu ki, toprak birlikte yaşamalarına elvermedi; yan yana yaşayamadılar. Avram'ın çobanlarıyla Lut'un çobanları arasında kavga çıktı. O günlerde Kenanlılar'la Perizliler de orada yaşıyorlardı. Avram Lut'a, 'Biz akrabayız' dedi, 'Bu yüzden aramızda da çobanlarımız arasında da kavga çıkmasın. Bütün topraklar senin önünde. Gel, ayrılalım. Sen sola gidersen, ben sağa gideceğim. Sen sağa gidersen, ben sola gideceğim.' Lut çevresine baktı. Şeria Ovası'nın tümü RAB'bin bahçesi gibi, Soar'a doğru giderken Mısır toprakları gibiydi. Her yerde bol su vardı. RAB Sodom ve Gomora kentlerini yok etmeden önce ova böyleydi. Lut kendine Şeria Ovası'nın tümünü seçerek doğuya doğru göçtü. Birbirlerinden ayrıldılar."

Kenan ve Periz halkları potansiyel düşmanlardı ve çevrede düşmanlar varken Tanrı'nın hizmetkârlarının kendi aralarında tartışmaları son derece tehlikeliydi. Biz Hristiyanlar şunu söylemeyi öğrensek iyi olacak: "Aramızda tartışmayalım, çünkü biz kardeşiz." İbrahim bunun harika bir örneğidir. Aramızda tartışma lüksünü göze alamayız çünkü düşman köşede bekliyor ve Tanrı'nın halkı içinde baş gösteren herhangi bir bölünme ya da uyumsuzluğu kullanacaktır.

Lut'un amcası İbrahim yaşlı biriydi. Lut ondan daha gençti ve İbrahim'e göre daha alt bir konumdaydı. İbrahim ruhsal (Tanrı'nın aralarından Mesih'in ortaya çıkacağı özel halkının babası olması için seçtiği) biriydi. İbrahim kolayca şunu diyebilirdi: "Kıdemli olan benim, Tanrı'nın çağırdığı kişi benim. Vaat benim için verildi. Bütün bunları ben kendime alıyorum ve sen Lut, kendi başının çaresine bakabilirsin." Ancak İbrahim farklı davrandı. O kendini alçalttı, ürün verdi. Lut'a şöyle dedi: "İlk seçimi sen yap. Ne istiyorsan onu al, ben de geriye kalanları alacağım."

İbrahim gerçek bir alçakgönüllülük örneği göstermişti. Doğru kararı vermek için kendi kişisel kaybını önemsemedi. Tanrı bizden teslim olmamızı istediğinde bunun sonuçları bizi değil Tanrı'yı ilgilendirir. Teslimiyetimiz, içinde bulunduğumuz durumda Tanrı'nın lütfunun ortaya çıkmasını sağlayacaktır.

Lut canının onu götürdüğü yere gitti ve bu yer kötü bir yerdi: Sodom'a doğru gidiyordu. Lut İbrahim'in yaptığı gibi canının arzularına "hayır" demeyi öğrenmemişti.

İbranice'de "Lut" ismi "peçe, gözleri kapatan bir şey" anlamına gelir. Ne uygun bir tanım ama! Lut hiçbir zaman bedensel ve kendi çıkarını gözeten düşüncelerinin peçesini kaldırmayı seçmedi. Doğru bir adam olmasına rağmen bedensel bir adamdı. Ruh'un yasası tam olarak yüreğinde değildi. Ne var ki, Lut İbrahim'den ayrıldıktan sonra bu peçe İbrahim'in gözlerinden kalkmıştı.

"Lut Avram'dan ayrıldıktan sonra, RAB Avram'a, 'Bulunduğun yerden kuzeye, güneye, doğuya, batıya dikkatle bak' dedi, 'Gördüğün bütün toprakları sonsuza dek sana ve soyuna vereceğim'" (Yaratılış 13:14-15).

Lut yanındayken İbrahim mirasını görememişti. Bu mirasın içindeydi, fakat onu göremiyordu. İbrahim vazgeçmek zorunda kaldı ve bu ona vahyi getirdi. Tanrı şöyle devam etti:

"Soyunu toprağın tozu kadar çoğaltacağım. Öyle ki, biri çıkıp da toprağın tozunu sayabilirse, senin soyunu da sayabilecek. Kalk, sana vereceğim toprakları boydan boya dolaş" (16. ve 17. ayetler).

İbrahim'in yaptığı şey akılsızlık gibi görünüyordu (toprakları akla uygun bir iddiası olmayan kendinden daha genç bir adama verdi). Ancak İbrahim böyle yaparak sağduyuya, kutsamaya ve bereketli bir mirasa giden yolu keşfetti.

Bizim için de aynısı geçerlidir. Vazgeçmeyi öğrenene kadar gözlerimizin önündeki bedensel düşünce peçesinden kurtulamayız. Mirasımıza giden yolda doğru bir yaşam sürüyor olabiliriz, ancak vazgeçmeyi öğrenene dek bunu göremeyeceğiz.

Yakup

Vazgeçmenin diğer bir örneğini ise İbrahim'in torunu Yakup'ta görürüz. Kendinden önceki İbrahim gibi Yakup da Tanrı'nın seçtiği bir adamdı. Yakup ve ikiz kardeşi Esav doğma-

37

dan önce Tanrı egemen ve lider olan kardeşin Yakup olacağını bildirmişti (Yaratılış 25:23). Ancak önceleri İbrahim'inki gibi alçakgönüllü bir tutumdan uzak olan Yakup, vazgeçme dersini zor yollardan öğrenmek zorunda kaldı.

Yakup Tanrı tarafından kendisine verilenleri almak için kendi gücünü ve kendi aklını kullandı. İlk olarak rüşvet olarak bir kâse çorba vererek Esav'dan ilk oğulluk hakkını aldı (Yaratılış 25: 29-34). Belki bu tam anlamıyla sahtekârca bir davranış olmamakla beraber, kardeşliğe yakışan bir davranış da değildi.

Yakup ilk oğulluk hakkıyla yetinmedi ve babasının onu kutsamasını istedi. İshak'ın kutsamasını almak için Esav'mış gibi davranarak onu aldattı (Yaratılış 27:1-29). Kutsamayı almak için aldatma yolunu seçti ve böylece büyük kardeşi Esav'a buna benzer bir kutsama hakkı bırakmamış oldu. "Yakup" ismi aslen "aldatmak" ya da "birinin yerini alan" anlamlarına gelir.

Onca çabaya rağmen, Yakup kardeşini ve İshak'ı aldatarak kayda değer hiçbir şey elde etmedi. Bu olaylardan hemen sonra bir kaçak olarak yaşamaya başladı. Mirası olan topraklardan ayrılmaya zorlandı, oradan ayrıldı ve yanında asası dışında hiçbir şey götürmedi. Sürgünde yirmi yıl geçirdi, amcası Lavan'ın yanında çalıştı. Yirmi yılın ardından Rab Yakup'a seslendi: *"'Atalarının topraklarına, akrabalarının yanına dön' dedi, 'Seninle olacağım'"* (Yaratılış 31:3). Tanrı aslında şunu diyordu: "Mirasına geri dönmenin zamanı geldi!" Böylece Yakup eşlerini, çocuklarını, hayvanlarını, sürülerini ve sahip olduğu her şeyi toplayarak Kenan'a, babasının topraklarına doğru yola çıktı. Mirasının bulunduğu sınırlara varınca eşlerini, çocuklarını, davarlarını ve sahip olduğu her şeyi önden gönderip kendisi orada bekledi. O gece bir adam onunla güreşti.

"Böylece Yakup arkada yalnız kaldı. Bir adam gün ağarıncaya kadar onunla güreşti. Yakup'u yenemeyeceğini anlayınca, onun uyluk kemiğinin başına çarptı. Öyle ki, güreşirken Yakup'un uyluk kemiği çıktı. Adam, 'Bırak beni, gün ağarıyor' dedi. Yakup, 'Beni kutsamadıkça seni bırakmam' diye yanıtladı. Adam, 'Adın ne?' diye sordu. 'Yakup.' Adam, 'Artık sana Yakup değil, İsrail denecek' dedi, 'Çünkü Tanrı'yla, insanlarla güreşip yendin.' Yakup, 'Lütfen adını

söyler misin?' diye sordu. Ama adam, 'Neden adımı soruyorsun?' dedi. Sonra Yakup'u kutsadı. Yakup, 'Tanrı'yla yüz yüze görüştüm, ama canım bağışlandı' diyerek oraya Peniel adını verdi" (Yaratılış 32:24-30).

Yakup'un güreştiği Adam sıradan biri değildi. O Tanrı Oğlu'nun "vücut almadan önceki bir belirişi" (Dünya tarihinde Rab İsa Mesih olarak açıklanmış olan; İnsan, Tanrı ve Tanrı'dan insanlara gönderilmiş bir haberci) idi.

Yakup'un güreştiği Adam'da görünen nezakete ve güce dikkat edin. Yakup güreşi bırakmadı. En sonunda da Adam onun uyluk kemiğinin başına dokundu ve uyluk kemiğini çıkartarak Yakup'u çaresiz bıraktı. Artık merhamet dilemekten başka yapabileceği bir şey yoktu.

Yakup'un bu hikâyesi şöyle bitiyor: *"Yakup Peniel'den ayrılırken güneş doğdu. Uyluğundan ötürü aksıyordu"* (31. ayet).

Yakup kendi gücüyle yürürken mirasından uzaklaştı ve her şeyi kaybetti. Ama aksamayı öğrenince kendi mirası olan yere geri döndü.

Kendi gücümüze, yeteneklerimize ve aklımıza güvendiğimiz sürece Yakup'un durumunda kalırız. Mücadele ederiz, çabalarız ancak Tanrı'nın bizim için belirlediklerine ulaşamayız. Fakat aksamaya başladığımızda (kendi gücümüzle yürüyemediğimizde) mirasımıza giden yol bize tekrar açılır. Yakup bunu başardığında yalnızca babasının kutsamasını almakla kalmadı, aynı zamanda Tanrı'nın da kutsamasını kazandı.

Yakup (Tanrı olan) O Melek'le (Tanrı Oğlu'nun vücut almadan önceki bir belirişi) karşılaşmış ve kutsanmıştı. Ancak Yakup'un yüzleşmesi gereken başka bir karşılaşma daha vardı: Esav. Yakup, Esav'ın dört yüz silahlı adamla kendisini karşılamaya geldiğini duymuştu. Onu en son gördüğünde Esav Yakup'un peşine düşmüştü. Sanırım Yakup birazcık gerginlikten fazlasını hissediyordu. Yaratılış 33. bölümü okuyalım:

"Yakup baktı, Esav dört yüz adamıyla birlikte geliyor. Çocukları Lea'yla Rahel'e ve iki cariyeye teslim etti. Cariyelerle çocuklarını öne, Lea'yla çocuklarını arkaya, Rahel'le Yusuf'u da en arkaya dizdi. Kendisi hepsinin önüne geçti. Ağabeyine yaklaşırken yedi kez yere kapandı" (Yaratılış 33:1-3).

Yakup yedi kez yere kapandı (bu gerçek bir alçakgönüllülük göstergesidir). Kutsal Kitap'ta yedi sayısı daima Kutsal Ruh'un varlığını işaret eder. Kutsal Ruh; Tanrı'nın seçtiği, ilk oğulluk hakkını alan, babasının ve daha sonra da Melek'in kutsamasını alan Yakup'ta bir şey başarmıştı. Yakup bedensel kardeşi Esav'la karşılaşınca yedi kez yere kapandı. Bana göre bu davranışı Yakup'un kutsama içinde olduğunun bir kanıtı ve Melek ile aralarında gerçekleşen şeyin bir dışa yansımasıydı. Yakup Melek'le karşılaşmadan önce kendi istemiyle asla yere kapanmazdı. Ancak Melek'le karşılaşmasının ardından Esav'ın önünde yedi kez yere kapandı.

Yakup'un geri dönüşünün sonuçlarını Yaratılış 33:4'te görüyoruz: *"Ne var ki Esav koşarak onu karşıladı, kucaklayıp boynuna sarıldı, öptü. İkisi de ağlamaya başladı."*

Çözümsüz gibi görünen sorunlar ve engeller pek çok zaman alçakgönüllülükle çözülebilir. Yakup 4:6 der ki:

"Tanrı kibirlilere karşıdır, ama alçakgönüllülere lütfeder." Tanrı'nın lütfunu almak istiyorsak kendimizi alçaltmalıyız (hem Tanrı'nın hem insanların önünde).

Bir keresinde kızlarımızdan birine çok kızmıştım ve bu tavrımı değiştirmeye de hazır değildim. Bunun sonucunda göğsümde garip bir duygu hissettim. Neredeyse bir yumruk ya da bir çeşit baskı gibiydi. Vaiz 7:9 şöyle der: *"Çünkü öfke akılsızların bağrında barınır."* Bu baskıyı göğsümde yaklaşık iki gün taşıdım ve ondan kurtulmanın tek bir yolu olduğunu biliyordum: Kızıma gidip beni affetmesini istemeliydim. İyi ki de gitmişim. Beni bağışlamasını istemeseydim Tanrı'nın kutsamasının ruhsal hizmetimden geri alınmış olacağına inanıyorum.

Tek çözümün kendimizi alçaltmak olduğu durumlar ve sorunlarla yüz yüze geleceğiz. Bedensel insanlardan ruhsal insanların yapacağı şeyleri beklememeliyiz. Ruhsal olmak ve bunu gösterecek şekilde yaşamak bizim sorumluluğumuzdur. Eğer ruhsal olan sizseniz, bunu gösterin. İbrahim bir insana Yakup da Tanrı'ya boyun eğdi. Her iki durumda da vazgeçmeleri (kendi haklarından ve yeteneklerinden) Tanrı'nın amacının ortaya çıkmasının ve tamamlanmasının yolunu açtı ve bunun aynısı bizim yaşamlarımız için de geçerlidir.

BÖLÜM 6

YUKARININ YOLU
AŞAĞIDAN GEÇER·

İbrahim ve Yakup Tanrı'dan miraslarını almak
üzere kendi haklarından ve yeteneklerinden vaz-
geçtiler. Bu formül (kişinin mirasını almak için
vazgeçmesi) bir çeşit "ruhsal yasa" olarak da
kabul edilebilir. Hepimiz Sir Isaac Newton'un
evrensel yerçekimi yasası gibi "doğa yasalarına"
veya "bilimsel yasalara" aşinayızdır. Hiçbirimiz
yerçekimi yasasına aykırı bir şekilde yaşamayı
beklemez.

    Doğa yasalarını bilen birçok insanda belli
bir ruhsal yasa kavramı bulunmaz. Ancak ruhsal
yasaların her bir parçası aynı doğa yasaları gibi
kesin, tam ve belirlidir ve karşı konulması doğa
yasaları ile eşit derecede imkânsızdır. Yerçekimi
yasasını bozamazsınız; deneyebilirsiniz, ancak
sonuçta yerçekimi yasası sizi yenecektir.

Aynı şey ruhsal yasalar için de geçerlidir. İnsanlar Tanrı'nın yasalarını bozmaktan bahsederler, ancak bu hatalı bir kavramdır. Tüm evrende geçerli olduğuna inandığım bir ruhsal yasayı size açıklamak istiyorum. Bu yasa henüz evren yaratılmadan önce mevcuttu ve zaman son bulduktan sonra bile var olmaya devam edeceğine inanıyorum. Her birimizde etkin olan bu yasa yaşam akışımıza da kesin bir yön vermektedir.

Yeni Antlaşma'da (Matta 23:12, Luka 14:11 ve Luka 18:14) bu ruhsal yasadan üç kez bahsedilir ve her seferinde İsa'nın bizzat kendi dudakları arasından çıkar.

"Kendini yücelten alçaltılacak, kendini alçaltan yüceltilecektir" (Matta 23:12).

Bu yasa evrenseldir. Herhangi bir yerde ve zamanda kendini yücelten herhangi biri alçaltılacaktır. Bununla eşdeğer evrensellik taşıyan diğer bir gerçek ise kendini alçaltanın yüceltileceğidir.

Kutsal Kitap'ta aynı şeyi farklı sözcüklerle yineleyen bir takım başka bölümler de vardır. Özdeyişler kitabı bundan iki kez söz eder. Bunlardan ilki Özdeyişler 16:18: *"Gururun ardından yıkım, kibirli ruhun ardından da düşüş gelir."*

İnsanlar "Gurur düşüşten önce gelir" demeye eğilimlidir. Prensip olarak doğru da olsa bu ifade tam olarak Kutsal Kitap'ın söylediği şey değildir. Esasen Kutsal Kitap akla daha uygun bir şey söylemektedir: "Gururun ardından yıkım gelir."

Özdeyişler kitabı gururun yol açtığı tehlikeden 18:12'de tekrar bahseder: "Yürekteki gururu düşüş, alçakgönüllülüğü ise onur izler."

Yaşayan hiçbir canlının başına gelen çöküşün gururdan başka bir şeyden kaynaklanmadığına inanıyorum. Evrende işlenen ilk günah sarhoşluk, ahlaksızlık ya da cinayet değildi. Kibirdi. Sarhoşluk, ahlaksızlık ya da cinayetten dolayı dehşete kapılan birçok insan gururu günah olarak görmeden ona hoşgörüyle yaklaşır.

Gurur günahı isyankârlığa neden oldu. Gururun içsel durumu isyankârlığın dışa vuran etkileriyle gösterdi. Bu günah dünyada değil cennette işlendi. Bir insan tarafından değil fakat bir melek tarafından işlendi (Lusifer). Lusifer'in gururunun kaynağı, Yaratıcı tarafından kendisine verilen güzelliği ve bilgeliğiydi. Ne var ki bu armağanlar bunları yaratan Tek Yaratıcı'ya karşı isyana sebep oldu.

Eski Antlaşma'da bulunan Hezekiel 28 sadece geleceği göstermekle kalmayan aynı zamanda geçmişe de ışık tutan bir peygamberlik bildirisidir. Bazen peygamberlik öngörüsünün ve hizmetinin sadece gelecekle ilgili (henüz gerçekleşmediği için bilmediğimiz şeylerle ilgili) olmadığını, aynı zamanda geçmişle de (gerçekleştiklerinde orada olmadığımız için bilmediğimiz ve peygamberlik bildirisi olmaksızın bilemeyeceğimiz şeylerle de) ilgili olduğunu unutuyoruz.

Hezekiel'deki bu bölümde peygamber Sur kentinden iki farklı birey hakkında konuşuyor. İlk bahsedilen kişinin unvanı "Sur önderi", ikincisinin ise "Sur Kralı"dır.

İlki bir insandı, ikincisiyse kesin olarak bir insan değildi:

"İnsanoğlu, Sur önderine de ki, 'Egemen RAB şöyle diyor: '"Gurura kapılıp Ben tanrıyım, denizlerin bağrında, Tanrı'nın tahtında oturuyorum dedin. Kendini Tanrı sandın, oysa sen Tanrı değil, insansın... O zaman seni öldürenlerin önünde ben Tanrı'yım diyecek misin? Seni öldürenlerin elinde sen Tanrı değil, insansın" (Hezekiel 28:2, 9).

Burada insan olan ancak tanrı olduğunu iddia eden birinden bahsediliyor. Bu kişi Sur'un önderi ve kural koyucusuydu. Şimdi de insan olmayan Sur Kralı'na bakalım:

RAB bana şöyle seslendi: "İnsanoğlu, Sur Kralı için bir ağıt yak. Ona diyeceksin ki, 'Egemen RAB şöyle diyor: 'Kusursuzlukta örnek biriydin, bilgeliğin ve güzelliğin eksiksizdi. Sen Tanrı'nın bahçesi Aden'deydin. Yakut, topaz, aytaşı, Sarı yakut, oniks, yeşim, laciverttaşı, firuze, zümrütle, çeşit çeşit değerli taşla bezenmiştin. Kakma ve oyma işlerin hep altındandı. Bunlar yaratıldığın gün hazırlanmışlardı. Meshedilmiş, koruyucu bir Keruv olarak Seni oraya yerleştirdim. Tanrı'nın kutsal dağındaydın, yanan taşlar arasında dolaştın.

Yaratıldığın günden Sende kötülük bulunana dek yollarında kusursuzdun. Ticaretinin bolluğundan zorbalıkla doldun ve günah işledin. Bu yüzden kirli bir şey gibi Seni Tanrı'nın dağından attım, yanan taşların arasından kovdum, Ey koruyucu Keruv. Güzelliğinden ötürü gurura

kapıldın, görkeminden ötürü bilgeliğini bozdun.
Böylece seni yere attım, kralların önünde seni
yüzkarası yaptım..."' (11-17).

Bu oldukça canlı bir açıklamadır ve sözü edilen kişinin insan olmadığı da açıktır. 12. ayet bu yaratığın bilgelikte ve güzellikte eksiksiz olduğunu söyler. 13. ayette bu yaratığın Aden'-de, Tanrı'nın bahçesinde bulunduğunu görüyoruz. Bu bizi Yaratılışa götürür. 14. ayette bu yaratığın *"Meshedilmiş, koruyucu bir Keruv"* olduğunu fark ediyoruz. Bu ayet aynı zamanda "Tanrı'nın kutsal dağındaydın" diyor. 15. ayette şöyle okuyoruz: *"Yaratıldığın günden yollarında kusursuzdun."* Demek ki bu şey yaratılmış bir varlıktır (insan değil keruv). Ardından 16. ayet ise şöyle diyor: *"Ticaretinin bolluğundan zorbalıkla doldun ve günah işledin."* Ve 17. ayet de sorunun kaynağını açıklıyor: *"Güzelliğinden ötürü gurura kapıldın; görkeminden ötürü bilgeliğini bozdun. Böylece seni yere attım, kralların önünde seni yüzkarası yaptım."*

16. ayette ticaret olarak tercüme dilen sözcük Kutsal Kitap'ın King James Tercümesinde trafik olarak kullanılmıştır. Bu sözcüğün kökü

İbranice'dir ve birincil anlamı şudur: "Bir yandan öbür yana, bir ileri bir geri gitmek." Bu sözcük ticaret yapmayla ilişkilidir çünkü ticaret yapan kimse bir yerden öbürüne giden, eşyalarını oraya buraya götürüp onları belirli Pazarlarda satan biridir. Ancak orijinal anlamı ticaretle sınırlanmamıştır. Levililer 19 aynı kökten gelen bir sözcüğe yer vermiştir: *"Halkının arasında onu bunu çekiştirerek [iftira yayarak] dolaşmayacaksın"* (Levililer 19:16).

Ana kavram iftira yaymak için "dolaşmak"-tır. "Dolaşmak" kavramından da bunu yapan kişinin bu eylemi sonucunda gerçekleşenler gelişir. Bunlardan birisi ticarettir, ancak bu bölümün işaret ettiği şey öncelikle iftira'dır (uydurma hikâyeler anlatmak veya gerçek olmayan haberler yaymak).

Diğer bir örnek de Özdeyişler 11:13'tedir ve şöyle der: *"Söz taşıyıp gezen adam sır açar."* İşte sözcüğün temel anlamı budur.

Hezekiel 28:16'ya dönersek şöyle diyordu: *"Ticaretinin bolluğundan zorbalıkla doldun."* Bu, Lusifer'in bir iftira yayıcı ve yalan haber aktarıcı olarak dolaşmak kaydıyla Tanrı'ya başkaldırışı teşvik ettiği anlamına geliyor. Bu başkaldırışı yüzünden Lusifer Tanrı'nın huzurundan atıldı ve Şeytan olarak anılmaya başlandı. Anlatılanların bu şekilde gerçekleştiğine inanıyorum.

Bazen Lusifer acaba şöyle bir şey söylemiş midir diye merak ederim: "Ey melekler, şunu anlamınızı istiyorum, Rab [alaycı bir ses tonuyla] sizi tam anlamıyla takdir etmiyor. Sizin yetenekleriniz var. Size verilenden daha fazlasını yapabilecek güçtesiniz. Eğer beni takip edecek olsaydınız sizde olan potansiyeli en üst düzeye çıkarmaya çalışırdım. Kendi krallığımızı kurmaya ne dersiniz? Neden bu Tanrı'ya hizmet edelim ki? Bana kalırsa, ben de en az hizmet ettiğimiz bu Tanrı kadar iyi bir tanrı olabilirim." Bana inanılmaz gelen şey, göklerin o görkemli ışığının altında ve günahla bozulmamış kusursuz bir evren içinde bu taktiklerin başarılı olmuş olmasıdır! Bunun gerçekleşmiş olması beni ürpertiyor, çünkü Şeytan'ın taktikleri eğer göklerde (günahtan tamamen bihaber olunan ve Tanrı'nın görkemi ve güzelliğiyle açıkça göründüğü yerde) işe yaradıysa, dünyada daha büyük bir güçle etki edecektir! Ve bu taktikler binlerce yıldır daha da etkili bir şekilde işlediklerini kanıtlamışlardır.

Şeytan'ın nasıl çalıştığını anlamalısınız, çünkü o cennetten kovulduğunda nasıl çalışıyorsa hala aynı şekilde çalışmaktadır. Vahiy 12:4 bize Şeytan'ın gururunun yaratılmış tüm meleklerin üçte birinin Yaratıcıları olan Tanrı'ya sırt çevirerek O'nun yerine Şeytan'ı izlemelerinin kıvılcımını yaktığını söyler.

Tanrı'nın Şeytan'a verdiği muazzam yetkinin kapsamını da göz önünde bulundurun. Tanrı ona yaratılan meleklerin üçte birinden fazlası üzerinde yetki vermişti. Şeytan başkaldırdığı zaman, Tanrı'nın krallığının bu parçasının tümü kesin bir şekilde Şeytan'la birlikte ortadan kaldırıldı. Kesin derken düşmüş bu melekler için geri dönüş yolu olmadığına inandığımı ima ediyorum. Bir kez düşerek yeniden geri dönebilme umudundan yoksun kaldılar. Bu gerçekten de insanı uyandıran bir düşünce. Yetkinin ölçüsü ne kadar küçük olursa olsun, yetki sahibi olan bizlerin kendimize sürekli olarak itaatsizliğimizin ve sadakatsizliğimizin yetkimiz altında olanlarda geri dönülemez sonuçları olabileceğini hatırlatmamız gerekir. Yetki altında olanların ise takip ettikleri yetkiyi sınamaları gerekir. Hiç kimseye bağımlı olmayan birine bağımlı olmak tehlikelidir. Bence bu tür gözü kapalı ve şartsız bir teslimiyet nihai bir felakete gitmesi neredeyse kesin olan bir yoldur.

Birçoklarının aşina olduğu ve Şeytan için "Parlak Yıldız" isminin kullanıldığı bir ayet daha mevcuttur: *"Ey parlak yıldız, seherin oğlu, göklerden nasıl düştün! Sen ki, milletleri devirirdin, nasıl yere yıkıldın!"* (Yeşaya 14:12).

Kutsal Kitap'taki Peygamberlikler yalnızca dış eylemleri değil aynı zamanda içsel güdüleri ve temel iç gerçekleri de açığa çıkarırlar. Yeşaya'da Şeytan'ın başkaldırmasına sebep olan güdünün gurur olduğunu görüyoruz. Tanrı'nın Şeytan'ın yüreğinden geçenleri bilmesine rağmen onun paçayı kurtarmasına izin vermesi beni hayrete düşürüyor. Herhangi bir konuda paçayı kurtardığınızı düşünebilirsiniz, ancak size şunu söylemeliyim ki, Tanrı tüm yaptıklarınızı biliyor. Tanrı bu yaptıklarınızdan aylarca hatta yıllarca paçayı kurtarmanıza izin verse de bir gün O'nun yaptığınız her şeyi bildiğinin farkına varacaksınız.

"İçinden, 'Göklere çıkacağım' dedin,
'Tahtımı Tanrı'nın yıldızlarından daha yükseğe koyacağım;

İlahların toplandığı dağda,
Safon'un doruğunda oturacağım.
Bulutların üstüne çıkacak,
Kendimi Yüceler Yücesi'yle eşit kılacağım.'
Ancak ölüler diyarına,
Ölüm çukurunun dibine
İndirilmiş bulunuyorsun" (Yeşaya 14:13-15).

Yukarıdaki paragrafta iki sözcük beş kez tekrarlanıyor. Bu sözcükler tüm eylemlerin arkasındaki güdüyü işaret etmektedir: "Ben... ...yapacağım" Evrenin ana sorunu, yaratılmış olanların iradesinin Yaratıcı'nın iradesine zıt olmasıdır.

Göklere çıkacağım (13. ayet).
Tahtımı Tanrı'nın yıldızlarından daha yükseğe koyacağım (13. ayet).
Safon'un doruğunda oturacağım (13. ayet).
Bulutların üstüne çıkacağım (14. ayet).
Kendimi Yüce'ler Yücesi'yle eşit kılacağım (14. ayet).

İşte burası doruk noktasıdır.

İbrani dilinin beş ana fiil yapısı vardır. Bunlardan biri bir eylemin devamlı olarak ya da özel bir niyetle yapıldığını göstermek için kullanılır. Bu paragrafta kullanılan yapı tam da bu yapıdır. Buradaki anlam "Ben... ...olacağım" değil "Ben kendimi... ...yapacağım" şeklindedir. Bir başka deyişle Şeytan şöyle dedi: "Benim hedefim ve amacım (süregelen niyetim ve uğraşım) kendimi En Yücelerde Olan'la eşit kılmaktır." Bunun sonucunda Lusifer düştü. Kendini yücelten herkes alçaltılacaktır. Bu prensip asla bozulmaz.

Tanrı'nın Şeytan'ın başkaldırışına karşı verdiği tepki bence yalnızca Tanrı'nın aklına gelebilecek bir çözümdü. Tanrı'nın bu gurur problemini onunla işi bittiğinde bir daha asla ortaya çıkmayacak şekilde halletmek istediğine inanıyorum. Böylece Tanrı adı Adem (ya da "adam") olan yeni bir tür yaratmaya karar verdi. Kutsal Kitap'tan anladığıma göre bu yaratık, başka hiçbir yaratığa benzemeyen bir şekilde yaratıldı. Kutsal Kitap diğer tüm yaratıkların Tanrı'nın söylediği sözle o anda oluştuğunu söyler. Tanrı, ağzından ve ruhundan çıkan sözle gökleri, orada yaşayan ve orada olan her şeyi yaratmıştır. Ancak bu yeni yaratık farklı ve eşsizdi.

"RAB Tanrı Adem'i topraktan yarattı ve burnuna yaşam soluğunu üfledi. Böylece Adem yaşayan varlık oldu" (Yaratılış 2:7).

Bunun tam olarak yazıldığı gibi olduğuna inanıyorum. Tanrı'nın dünyaya geldiğine, yere doğru eğildiğine, biraz toprak alıp suyla karıştırarak onu balçık haline getirdiğine ve bu balçıktan da evrenin görmüş olduğu en muazzam heykeltıraşlık eserine şekil verdiğine inanıyorum. Ortaya çıkan şey kusursuz bir bedendi (kusursuz bir güzelliği vardı ancak onda yaşam yoktu). Sonra bu sonsuz varlık (Tanrı'nın bizzat kendisi) daha da aşağı eğilip ilahi dudaklarını bu balçıktan heykelin dudaklarına koyarak onun bedenine yaşam ruhunu üfledi. Sonra da üflenen bu ruh, balçıktan yapılan bu eseri yaşayan bir cana çevirdi. Kudretli Tanrı'nın üflediği nefes bu balçık bedeni yaşayan bir insana çevirdi (bir adama) ve bu adam yaşayan bir can oldu.

Yaratılış 2:7 Yehova (ya da Yahve) sözcüğünün kullanıldığı ilk yerdir. Yaratılış Kitabı'nın birinci bölümünün tümünde Tanrı'yı anlatan sözcük Elohim sözcüğüdür. Ancak Yehova Tanrı'yı bir şahıs olarak tanımlayan kişisel bir addır.

Bunun gibi Adem de genel bir isim değil kişisel bir addır. Bu durumda, yaratılışın bu anında üstünde durulan husus kişiselliktir. Kişisel bir Tanrı, kendisiyle kişisel bir paydaşlığa sahip olmak amacıyla kişisel bir birey yarattı.

Burada Tanrı'nın insanı yaratmak için aşağı doğru eğildiğini dikkate almalıyız. Tanrı aşağıya indi, yukarıya çıkmadı. Tanrı insana kendinden bir şey verdi ve o balçık esere Kendi ruhunu üfledi. Kendi varlığı içinde insan hem en yüksek hem de en alçak unsurlara sahiptir: Bunlardan biri Tanrı'dan diğeri de dünyadandır.

Bu ikili yapı, Tanrı'nın benzeyişinde yaratılmış olan biz insanların yaşadığı bazı mücadeleleri anlamamıza yardımcı olabilir. Bu yüksek ve alçak unsurlar zaman zaman birbirleriyle çatışırlar. Bir tarafım göklerde olan şeyleri ararken diğer tarafım yerde olan şeyleri arar! Kutsal Kitap'taki yaratılış kaydının işlevlerinden biri de ne olduğumuzu (neye benzediğimizi) ve hayatımızda bazı şeylerin neden meydana geldiğini açıklamaktır. Başka hiçbir kaynağın bu cevapları sağlayabileceğine inanmıyorum. İnsan iki dünyaya bağlı bir yaratıktır: Ruhuyla Tanrı'ya, bedeniyle ise dünyaya bağlıdır.

BÖLÜM 7

TANRI'NIN İNSAN İÇİN PLANI

Kutsal Kitap yaratılış sürecini açıklamadan önce Tanrı'nın insan için olan amacını saptar. Yaratılış 1:26'da şunu okuyoruz:

"Tanrı, 'Kendi suretimizde, kendimize benzer insan yaratalım' dedi, 'Denizdeki balıklara, gökteki kuşlara, evcil hayvanlara, sürüngenlere, yeryüzünün tümüne egemen olsun.'"

Bu ayetlerde Tanrı'nın insan için olan amacının insanın iki özelliğini açıklığa kavuşturduğunu görürüz. Öncelikle insan, Tanrı'yı başka hiçbir yaratığın yapmadığı şekilde görünür olarak temsil ve Tanrı'nın benzerliğini tasvir etmeliydi. İkincisi de, insan Tanrı adına Tanrı'nın yetkisini tüm dünya üzerinde yerine getirmeliydi.

İnsan Tanrı'ya bağımlı kaldığı sürece dünyaya hükmetti. Bu mantığa aykırı gibi görünüyor, özellikle de çağdaş düşünceye göre. Günümüzde pek çok insan hükmetmenin bağımlı olmamak anlamına geldiğini düşünüyor. Ancak Tanrı'nın sonsuz hükmüne göre insan hükmetmek için O'na bağımlı kalmalıydı. Bağımlı olmayı kestiği an hükmetmeyi de kesmiş oldu.

Şeytan'ın İnsana Olan Düşmanlığı

Şeytan insana karşı özel bir kin besledi. O'nun başlangıçtaki isminin "Şeytan" olmadığını unutmayın (gerçek ismi 'ışık taşıyan' anlamına gelen "Lusifer"di). Lusifer egemenlik sınırlarını ihlal ettiğinde kendi hakiki kimliğini kaybetti ve Şeytan oldu. Şeytan sözcüğü "düşman," "karşı koyan" veya "karşı çıkan" anlamlarına gelir. Tanrı'nın amaçlarına ve halkına hiç durmadan karşı çıkan odur. Düşmanımız olmasının nedeni işte budur.

Şeytan insana karşı iki ayrı sebeple düşmanlık besledi. Birincisi, insanın Tanrı benzeyişine sahip olmasıydı. Şeytan Tanrı'ya saldıramazdı, ancak Tanrı'nın insandaki zuhuruna saldırabilirdi.

Bu bana uzun yıllar önce çok gerçekçi bir şekilde gösterildi. Genç bir adamla nişanlanmış genç bir Hristiyan kadın tanıyordum ve bu kadın gittiği her yere nişanlısının fotoğrafını götürüyordu. Adamın evlenmekten vazgeçtiğinin farkına varınca bu kadın nişanlısının fotoğrafını yırtarak un ufak etti. Kadın adama karşı olan öfkesini onun fotoğrafına saldırarak açığa vurmuştu.

Bu örnek Şeytan'ın bizden nefret etmesinin nedenleri hakkında bize daha iyi bir anlayış sağlar: Biz Tanrı'nın görünümünü taşıyoruz. Şeytan Tanrı'ya saldıramaz, ancak Tanrı'nın insanda beliren görünümünü alıp onu kirletebilir, onu etkisiz hale getirebilir ve yumruğunu Tanrı'ya karşı sıkabilir. İnsani itibarını kaybetmiş birini görürseniz bunun Tanrı'ya olan düşmanlığını Tanrı'nın kendi benzeyişinde yarattığı yaratıklarda açığa çıkaran Şeytan'ın bir işi olduğunu aklınızda bulundurun.

Şeytan'ın insana beslediği düşmanlığın ikinci sebebi ise insanın Şeytan'ın düşmeden önce bulunduğu yeri devralacak olmasıdır. Yani bir anlamda insan Şeytan'ın rakibidir. Yaratılış 3. bölümde Şeytan'ın kurnazlıkla insanın düşüşünü hazırlamaya çalıştığını öğreniyoruz.

"RAB Tanrı'nın yarattığı yabanıl hayvanların en kurnazı yılandı. Yılan kadına, 'Tanrı gerçekten, 'Bahçedeki ağaçların hiçbirinin meyvesini yemeyin' dedi mi?' diye sordu. Kadın, 'Bahçedeki ağaçların meyvelerinden yiyebiliriz' diye yanıtladı, 'Ama Tanrı, 'Bahçenin ortasındaki ağacın meyvesini yemeyin, ona dokunmayın; yoksa ölürsünüz' dedi. Yılan, 'Kesinlikle ölmezsiniz' dedi, 'Çünkü Tanrı biliyor ki, o ağacın meyvesini yediğinizde gözleriniz açılacak, iyiyle kötüyü bilerek Tanrı gibi olacaksınız.' Kadın ağacın güzel, meyvesinin yemek için uygun ve bilgelik kazanmak için çekici olduğunu gördü. Meyveyi koparıp yedi. Yanındaki kocasına verdi, o da yedi" (Yaratılış 3:1-6).

Şeytan'ın insanı kandırırken kullandığı üç adıma dikkat edin. Yaptığı ilk şey Tanrı'nın sözünü sorgulamaktı. Onlara şöyle sordu: *"Tanrı gerçekten... ...dedi mi?"* (1. ayet). Havva'nın bu soruyu dikkate aldığı anda savaşı kaybettiğine inanıyorum. Şeytan'ın taktikleri değişmedi. Pek çok kilisede insanlar yüz yüze gelip birbirlerine şunu soruyorlar: "Tanrı gerçekten... ...dedi mi?" Eğer bu soruyu dikkate alırsak, kendimizi Havva gibi tehlikeli bir duruma sokarız. Tanrı Sözü'nü sorgulamayı göze alamayız.

İkinci adımda Şeytan Tanrı'nın iyiliğini sorguladı ve şöyle dedi: *"Tanrı biliyor ki, o ağacın meyvesini yediğinizde gözleriniz açılacak, iyiyle kötüyü bilerek Tanrı gibi olacaksınız"* (5. ayet). Bu, Tanrı'nın adaletsiz ve keyfi hareket eden bir despot olduğu ve yarattığı varlıkları olması gerekenden daha düşük bir konumda tuttuğu anlamına geliyor.

Denenme (Şeytan'ın tuzağı) tam olarak onun da düşmesine sebep olan şeydi. Şeytan onlara şöyle dedi: *"Tanrı gibi olacaksınız"* (5. ayet), ya da Tanrı'ya eşit olacaksınız. Şeytan aynısını daha önce kendisi için de iddia etmişti ("Kendimi Yüce'ler Yücesi'yle eşit kılacağım") (Yeşaya 14:14).

Adem'in Düşüşünün Sonuçları

Yaratılış kitabından Adem'in düşüşünün yedi sonuç doğurduğunu öğrenmekteyiz:

1. Adem'in Tanrı ile arasındaki doğrudan ilişki bozuldu.

2. Adem'in yaşam kaynağı kesildi. Artık bir daha asla şarj edilemeyecek bir pil gibiydi.

Kendisinde büyük oranda var olan ilahi yaşam sonunda bitiyordu.

3. Adem bozulmaya (hastalık, yaşlılık, buruşukluklar, bükülmeyen eklemler vesaire) maruz kaldı.

4. Adem şeytani tacizlere maruz kalmıştı. O andan itibaren kötü ruhların saldırılarının bir kurbanı olduğuna inanıyorum.

5. Adem kral yerine bir köleye dönüştü. Eğer Tanrı'ya bağlı kalsaydı bir kral olabilirdi, ancak bağımsızlığı seçti ve bir köleye dönüştü. Bugün karşılaştığımız birçok insan için de geçerlidir bu. Bu gibiler, "Kimseye itaat etmek zorunda olmaya niyetim yok. Kimse bana ne yapacağımı söyleyemeyecek. Ben bağımsız yaşayacağım" derler. Peki, bu durumda neye dönüşürler? Günahın bir kölesine.

6. Adem'in yaşadığı alem kibir ve yararsızlığa teslim olmuştu. Yetkinin kötüye kullanımının korkutucu etkilerine bir başka örnek de budur. Şeytan başkaldırdığında meleklerin üçte biri onunla birlikte düştüler ve onun suçuna dahil oldular. Aynı prensip Adem'in düşüşü için de geçerli oldu. Evrenin bütünü onun itaatsizliğinin sonuçlarını yaşadı. Dikenler, devedikenleri daha

önce görünmedikleri yerlerde bitmeye başladı. Zor ve nahoş olan her şey, insanı zorlayan her şey, emek isteyen her şey ve hüsrana neden olacak her şey bu dünyaya Adem'in itaatsizliği aracılığıyla girdi.

7. Adem başkaldırı suçunda Şeytan'la özdeşleşmiş oldu (Şeytan gibi isyankâr oldu). Bu öylesine hayati bir gerçektir ki, insanın Şeytan'la olan bu ilişkisini ve bunun ölümcül sonuçlarını yok etmek için Tanrı'nın bilgeliği gerekmiştir.

Pek çok insan sıklıkla Tanrı'nın Şeytan'ı neden bir anda yok etmediğini merak eder. Bunun sebebinin insan ırkına duyduğu merhamet olduğuna inanıyorum. Şeytan (kurnazlıkla) kendi işlediği suça insanı da karıştırmıştır. Şeytan'ın şöyle bir şey dediğini hayal edebiliyorum: "Pekâlâ Tanrı, ben bir isyankârım. Bunu ben de biliyorum Sen de biliyorsun, bu konuda hiç kuşkumuz yok ve benim yolumun sonu şuradaki yanan ateş gölüdür. İkimiz de bunu biliyoruz ve Sen beni oraya istediğin zaman gönderebilirsin. Ancak şunu dinle, Sen adil bir Tanrı'sın dolayısıyla adaletinden taviz veremezsin. Bu insanlar da benim gibi isyankârlar. Beni o yanan ateşe gönderdiğin gün insanları da oraya göndermen gerekir."

Eğer bu varsayımsı diyalog gerçekleştiyse ve Şeytan Tanrı'ya böylesine meydan okuduysa, o daha meydan okumadan önce Tanrı'nın ona bir cevabı olduğunu kesinlikle bilmiyor demektir.

Günahı Bağışlanan İnsan

Düşmüş olan insan ırkını kurtarmak için Tanrı daha da aşağıya indi. Aşağı indikçe daha da yükseleceğiz. Ancak yukarı her çıkışımızda soluğu aşağıda alırız. Tanrı İsa Mesih'in şahsında Kendisini düşmüş insan ırkıyla özdeşleştirdi ve insanın işlediği suçu telafi etti. Bu suç silindiğinde ise Tanrı'nın Şeytan'ı ait olduğu yere gönderme konusunda taviz vermesine gerek kalmamıştı. Bunu yaparken aynı zamanda da insan ırkına bu kaderden kaçma yollarını sundu. Romalılar 3:26'da Pavlus Tanrı'nın Kendi Oğlu'nu, İsa Mesih'i, bizim günahlarımız için ölmek üzere gönderdiğini yazdı: *"Bunu, adil kalmak ve İsa'ya iman edeni aklamak için şimdiki zamanda kendi adaletini göstermek amacıyla yaptı."* Sorun tam da buydu. Tanrı adaletinden taviz vermeden nasıl bağışlayabilirdi? İnsanı bağışlayan Tanrı Şeytan'ı hak ettiği sona nasıl gönderebilirdi? Cevap şu: İsa sayesinde.

"Bu çocuklar etten ve kandan oldukları için İsa, ölüm gücüne sahip olanı yani İblis'i, ölüm aracılığıyla etkisiz kılmak üzere onlarla aynı insan yapısını aldı" (İbraniler 2:14-15).

İsa yalnızca Adem'i yaratmadı, onun günahlarını bağışlayarak Kendisini Kendi öz şahsında Adem'le ve düşmüş insan ırkıyla da özdeşleştirdi. Bunu yaparak günahlarımız için kefaret etmiş oldu.

"Mesih... bizler günah karşısında ölelim, doğruluk uğruna yaşayalım diye, günahlarımızı çarmıhta kendi bedeninde yüklendi. O'nun yaralarıyla şifa buldunuz... Nitekim Mesih de bizleri Tanrı'ya ulaştırmak amacıyla doğru kişi olarak doğru olmayanlar için günah sunusu olarak ilk ve son kez öldü" (1. Petrus 2:21, 24; 3:18).

Burada çarmıhın gerçek niteliğini görüyoruz: Günahsız Tanrı Oğlu günahlı, düşmüş insan ırkıyla aynı özü aldı. Bizim vekilimiz olarak suçlarımızı Kendi üzerine aldı, cezamızın tümünü ödedi ve ölümden dirildi. Bunları yaparak Tanrı'nın adaletinden hiç ödün vermeden bizi bağışlayıp Şeytan'ı yargılayabilmesini mümkün kıldı. Bu bağışlama tasarısı büyüleyici bir şekilde daha da ileri gider. İsa Kendini bizimle özdeşleştirmekle kalmadı, aynı zamanda imanımız aracılığıyla biz de O'nunla özdeş olduk.

En aşağıda olanlar en yükseğe çıkartılacak. Eğer yükselmek istiyorsak kendimizi alçaltmalıyız.

Tanrı yalnızca topraktan bir canlı yaratmakla kalmadı (bozulmuş, yozlaşmış ve düşmüş) bu canlıyı alıp ona evrendeki en yüksek yeri sundu.

"Ama merhameti bol olan Tanrı bizi çok sevdiği için, suçlarımızdan ötürü ölü olduğumuz halde, bizi Mesih'le birlikte yaşama kavuşturdu. O'nun lütfuyla kurtuldunuz. Tanrı bizi Mesih İsa'da, Mesih'le birlikte diriltip göksel yerlerde oturttu" (Efesliler 2:4-6).

Bu bölüm İsa'yla aramızdaki ilişkiyi açıklıyor. İsa'nın çektiği sıkıntıların hepsinde O'na katılmaya çağrıldık. Öncelikle O'nun ölümünde O'na katılmalıyız. Kendimizi böylece ölü sayarız. Vaftizimizle gömülüşünde İsa'ya katılırız.

İsa'yla ölümünde ve gömülüşünde özdeşle-
şen bizler, yine O'nunla üç başka safhada daha
birleşmekteyiz: O'nda yeniden yaşama kavuşu-
yor, O'nunla birlikte diriliyor ve O'nunla aynı
tahtı paylaşıyoruz.

Tanrı'nın özellikle, tam ve kesin olarak yap-
tığı şey en aşağı yaratığı alarak onu Mesih'te en
yükseklere çıkarttıktan sonra Kendisiyle birlikte
evrenin tahtında oturtmuş olmasıdır.

Dahası, Tanrı bu düşmüş fakat bağışlanmış
yaratıkları Tanrı'nın bu yasasını evrende sonsuza
dek kalıcı bir örnek olmak üzere göstermeleri
amacıyla kullanacaktır.

Pavlus Tanrı'nın bu nihai tasarısını Efesliler
1'de açıklamaktadır:

*"O kendi önünde sevgide kutsal ve kusursuz
olmamız için dünyanın kuruluşundan önce bizi
Mesih'te seçti. Kendi isteği ve iyi amacı uyarın-
ca İsa Mesih aracılığıyla kendisine oğullar ola-
lım diye bizi önceden belirledi. Öyle ki, sevgili
Oğlu'nda bize bağışladığı yüce lütfu övülsün.
Tam bir bilgelik ve anlayışla üzerimize yağdır-
dığı lütfunun zenginliği sayesinde Mesih'in kanı
aracılığıyla Mesih'te kurtuluşa, suçlarımızın*

bağışlanmasına kavuştuk. Tanrı sır olan isteğini, Mesih'te edindiği iyi amaç uyarınca bize açıkladı. Zaman dolunca gerçekleştireceği bu tasarıya göre, yerdeki ve gökteki her şeyi Mesih'te birleştirecek" (Efesliler 1:4-10 NIV).

Tanrı'nın *"iyi amacı"* (9. ayet) yerdeki ve gökteki her şeyi tek Baş olan İsa Mesih'te bir araya getirmektir. İşte geldiğimiz yer burası. Sonsuzluklar boyunca açıklanan o görkemli tasarıyı bir düşünün. Pavlus şöyle devam etti:

"Her şeyi kendi isteği doğrultusunda düzenleyen Tanrı'nın amacı uyarınca önceden belirlenip Mesih'te seçildik. Öyle ki, Mesih'e ilk umut bağlayan bizler, O'nun yüceliğinin övülmesi için yaşayalım" (11. ve 12. ayetler).

Biz (siz ve ben, yani insan ırkı) kendisini yükseltenin alçaltılacağı ve kendisini alçaltanın yüceltileceği prensibinin bir numaralı belirtileriyiz.

Pavlus Efesliler 2'de yeniden bu konuya işaret etti: *"Tanrı bizi Mesih İsa'da, Mesih'le birlikte diriltip göksel yerlerde oturttu. Bunu, Mesih İsa'da bize gösterdiği iyilikle, lütfunun sonsuz zenginliğini gelecek çağlarda sergilemek için yaptı"* (Efesliler 2:6-7).

Biz Tanrı'nın lütfunun bir numaralı kanıtıyız.

"Öyle ki, Tanrı'nın çok yönlü bilgeliği, kilise aracılığıyla göksel yerlerdeki yönetimlere ve hükümranlıklara şimdiki dönemde bildirilsin. Bu, Tanrı'nın başlangıçtan beri tasarladığı ve Rabbimiz Mesih İsa'da yerine getirdiği amaca uygundu" (Efesliler 3:10-11).

Sonsuzluklar boyunca Tanrı'nın bilgeliğini tüm evrene göstereceği en üstün yaratıklar olduğumuzu bilmek kayda değer bir şeydir. Tanrı bizi hurda yığınından alıp Kendi şaheserine dönüştürdü.

BÖLÜM 8

AŞAĞININ YOLU
YUKARIDAN GEÇER

Tanrı'ya başkaldırıp cennetten kovulduktan son-
ra Lusifer'in adı Şeytan olarak değiştirildi. Sehe-
rin oğlu (Işık getiren, seheri müjdeleyen) olarak
yaşamak varken, artık Şeytan (karşı koyan, düş-
man, Tanrı'nın tasarılarına ve halkına karşı
çıkan) olmuştu. Şeytan "Kendini yücelten alçal-
tılacak" gerçeğinin olumsuz yönde bir örneğidir
(Matta 23:12).

Şimdi de bu gerçeğin ayetin ikinci kısmında
belirtilen olumlu yönüne bir bakalım: *"Kendini
alçaltan yüceltilecektir"* (Matta 23:12). Bu konu-
daki en kusursuz aykırılık Lusifer (sonradan
Şeytan olan) ile İsa (doğası gereğiyle ezelden
ebede Tanrı'nın Oğlu ve Tanrı'nın Kendisi ol-
muş ve olmakta olan) arasındadır. Şeytan yukarı
uzandı ancak kaydı ve düştü, İsa aşağı indi ve

71

yukarı kaldırıldı. Bu iki varlığa odaklanırsak bu gerçeğin en kusursuz örneğini görebiliriz. Ancak gerçek, her yaşamın her alanında, her zaman ve her durumda geçerlidir. Yukarının yolu aşağıdan geçer.

Filipililer 2'de Pavlus imanlılara kendilerini Mesih'le aynı düşüncede tutmalarını salık verdi:

"Mesih İsa'daki düşünce sizde de olsun. Mesih, Tanrı özüne sahip olduğu halde, Tanrı'ya eşitliği sımsıkı sarılacak bir hak saymadı. Ama kul özünü alıp insan benzeyişinde doğarak ululuğunu bir yana bıraktı. İnsan biçimine bürünmüş olarak ölüme, çarmıh üzerinde ölüme bile boyun eğip kendini alçalttı. Bunun için de Tanrı O'nu pek çok yükseltti ve O'na her adın üstünde olan adı bağışladı. Öyle ki, İsa'nın adı anıldığında gökteki, yerdeki ve yer altındakilerin hepsi diz çöksün ve her dil, Baba Tanrı'nın yüceltilmesi için İsa Mesih'in Rab olduğunu açıkça söylesin" (Filipililer 2:5-11).

Pavlus, Mesih'in tutumunun Tanrı ile eşit olmayı elde edilecek bir şeymiş gibi gören Şeytan'ın tutumundan tam olarak farklı olduğunu gözlemlemişti. Şeytan elini uzatıp onu elde etmeye çalıştı, kaydı ve düştü (hem de geri dönülemez şekilde).

New International Version tercümesi İsa *"kendini alçalttı"* (9. ayet) derken, New American Standard Bible tercümesi olanları daha doğru anlatan şu ifadeye yer verir: *"İsa Kendisini boş kıldı"* (7. ayet). Charles Wesley'nin en büyük ilahilerinden biri olan "Olabilir Mi?" adlı ilahi şöyle der: "Sevgi dışında her şeyden Kendisini boş kıldı."

Pavlus Filipililer'e mektubunu hapisteyken yazdı. Orada özel bir konfor ya da imkânının olduğunu sanmıyorum. Kutsal Kitap'ın esinlenmesi ile ilgili olarak beni hayrete düşüren şeylerden biri de bu bölümdeki kusursuz dengedir (Bu öyle bir dengeydi ki muhtemelen Pavlus bile önceden düşünmemişti). Belki de ne yazdığının bilincinde bile değildi. Bu ayetlerde aşağıya giden yedi ve yukarıya giden yine yedi adımı saptayabiliriz. Kutsal Kitap'ta yedi sayısı genelde tamamlanmayı ya da kusursuzluğu işaret eder. Aynı zamanda da Kutsal Ruh ile bağlantılıdır.

İsa'nın Aşağıya Yedi Adımı

1. İsa sahip olduğu tüm ilahi özellikleri bir kenara bırakarak Kendisini boş kıldı.

2. Bir kul özünü aldı. Rab olan İsa kula dönüştü.

3. İnsan benzeyişinde dünyaya geldi, melek değil bir insandı.

4. İnsan görünümünde belirdi. İsa memleketi olan Nasıra'nın sokaklarında yürüdüğünde O'nu kentteki diğer insanlardan ayıracak belirgin hiçbir özelliği olmadı. Petrus en sonunda O'nu Mesih ve Tanrı'nın Oğlu olarak tanıdığında İsa ona *"Bu sırrı sana açan insan değil..."* dedi (Matta 16:17). İsa'nın dış görünüşünde O'nu dönemin diğer insanlarından farklı gösteren hiçbir şey yoktu.

5. O kendini alçalttı. İsa yalnızca Kendi döneminin bir bireyi değil aynı zamanda döneminin alçakgönüllü insanlarından biriydi. Bir prens, zengin bir adam, bir politikacı ya da bir ordu komutanı değildi. İnsanları doğal olarak etkileyen bu tür yönlere ya da işlevlere sahip değildi.

6. Ölüme kadar Tanrı'ya boyun eğdi. Yalnızca insan olarak yaşamakla kalmadı, aynı zamanda da bir insan olarak öldü.

7. Suçlulara layık görülen (aşağılanmanın, utancın, reddedilişin ve acının nihai aracı olan) çarmıh üzerinde öldü.

İsa en dibe doğru (suçluların bulunduğu yer) yedi adım attı. İnsanlarca reddedildi, hatta bizim iyiliğimiz için Tanrı tarafından bile reddedildi.

9. ayet *"bunun için"* diyerek söze başlar. Çünkü bu, bir kaza değil ilahi yasanın görünen bir işidir. İsa Tanrı'nın Oğlu olduğu için yüceltilmedi, yüceltilmeyi hak ettiği için yüceltildi. İsa bile bu yasaya tabiydi. Evrende bu yasaya tabi olmayan hiç kimse yoktur. Kendini alçaltan herkes yüceltilecektir.

İsa'nın Yukarıya Yedi Adımı

1. Tanrı O'nu en yücelere çıkarttı.

2. Tanrı O'na her ismin üzerinde bir isim verdi. Her ismin üzerinde olan yalnızca bir isim vardır, o da İsa ismidir.

3. İsa'nın isminde her diz yere çökecek. Dördüncü, beşinci ve altıncı adımlar; evrende her şeyin diz çökeceği farklı alanları işaret etmektedir.

4. "Göklerde"

5. "Yeryüzünde"

6. "Yerin altında." Evrenin bu üç yüce alanı, İsa'nın yüceltilmesini diz çökerek kabul edecek.

7. En sonunda da her dil Baba Tanrı'nın yüceltilmesi için İsa Mesih'in Rab olduğunu ilan edecek.

İsa önce aşağıya ve sonra da yukarıya doğru yedi adım attı. İsa'nın bu sıralamayı takip etmesi gerekiyordu. Aşağıya giden adımları atmadan yukarıya doğru adım atamazdı.

9. ayette geçen "bunun için" ifadesi üzerinde derin derin düşünün: "Bunun için de Tanrı O'nu pek çok yükseltti." Tanrı O'na evrendeki en yüksek konumu verdi. Uzun yıllar bütün bunların çok önceden tasarlanıp bitmiş olduğunu düşündüm. İsa'nın belli şeyleri yapacağını ve Tanrı'nın da O'nu otomatikman yücelteceğini düşünüyordum. Ancak yanıldığımın farkına vardım. İsa yüceltilmek için belirli şartlara uymak zorundaydı. Eğer O'ndan bu şartlara uyması istendiyse inanın bana sizden ve benden de istenecektir!

Pavlus Filipililer 2'deki bu bölümü bizim davranışlarımızın Mesih İsa'nınkilerle aynı olması gerektiği saptamasını yaparak açtı ve bu davranışın özelliklerini açıklayarak devam etti: Kendini alçaltmaya ve daha da alçaltmaya gönüllü olmak.

Hayatlarımız için pratik bir uygulama örneği gösteren 12. ayet "öyleyse" sözcüğüyle başlıyor. Öyleyse bu sizde ve bende işe yarayacaktır. İsa'da işe yaradı, bizde de işe yarayacaktır. İsa'da olan davranış bizde de olmalıdır.

"Öyleyse sevgili kardeşlerim, her zaman söz dinlediğiniz gibi, yalnız ben aranızdayken değil, ama özellikle aranızda olmadığım şu anda da kurtuluşunuzu saygı ve korkuyla etkin kılın. Çünkü kendisini hoşnut edeni hem istemeniz hem de yapmanız için sizde etkin olan Tanrıdır" (Filipililer 2:12-13).

Sekizinci ayetteki alçakgönüllülük bizi 12. ayetteki itaate götürür. Öte yandan gurur, itaatsizliğe götürür ve gurur Şeytan'ın başkaldırmasının sebebiydi. Kurtuluşumuzu "saygı ve korkuyla" etkin kılmak, yüceltilmek için kendimizi alçaltmamız gerektiği prensibinin bir işleyişidir. Pavlus bu alçalmanın ne tür bir yaşam yönetimi ve tabiat doğuracağını açıklamaktadır:

*"Her şeyi söylenmeden ve çekişmeden yapın
ki, yaşam sözüne sımsıkı sarılarak aralarında
evrendeki yıldızlar gibi parladığınız bu eğri ve
sapık kuşağın ortasında kusursuz ve saf, Tan-
rı'nın lekesiz çocukları olasınız. Öyle ki, boşuna
koşmadığımı, boşuna emek vermediğimi görerek
Mesih'in gününde övünecek bir nedenim olsun"*
(Filipililer 2:14-16).

Ruhsal insan över, bedensel insan şikâyet
eder. Şunu unutmayın; şikâyet ederken Tanrı'nın
önünde doğrulukla duramayız. Şikâyet ettiğimiz-
de suçsuz ve pak değilizdir; ancak yine de suç-
suz ve pak olabiliriz.

Çarpık ve bozuk bir nesilde yaşamaktayız,
ancak bizim sorumluluğumuz böylesi bir neslin
içinde suçla kirlenmeyen Tanrı çocukları olmak-
tır. Bu nesilde parlayacaksak yapmamız gereken
şeylerden birisi *"yaşam sözüne sımsıkı sarılmak-
tır"* (16. ayet). Parlamak istiyorsak; kendine
yeten, kendini hoşnut eden ve kendine güvenen
biri gibi yaşayıp dünyanın ihtiyaçlarını görmez-
den gelemeyiz. Parlamak, henüz duymamış olan-
ların yaşam sözüne sımsıkı sarılmalarını sağla-
mayı gerektirir.

Pavlus'un buradaki bitiriş sözleri oldukça güçlüdür: Yaptığım şey uğraşmaya değer bir şey mi? (Yararlı mı?) Pavlus bir anlamda şöyle diyor: "Eğer sizde bunları ortaya çıkartmıyorsam o zaman sizin için verdiğim emek boş demektir." Ciddi bir ifade. Bir adam tüm hayatını insanlara hizmet ederek geçirebilir, ancak doğru kişiler meydana getiremiyorsa tüm emeği boşa gitmiş demektir.

Genç bir vaizken en çok ne vaaz ettiğimle ilgilenirdim. Ancak olgunlaştıkça ne ürettiğimle ilgilenmeye başladım çünkü: *"Her ağaç meyvesinden tanınır"* (Matta 12:33). Verimli insanlar yaratmadıkları sürece iyi vaazlar ve iyi programlar pek fazla değer taşımazlar.

Alçakgönüllülük

Vermeyi umduğumuz meyvelerden birisi de alçakgönüllülüktür. Bir duygu ya da dindar bir histen fazlası olan alçakgönüllülük, irademizden kaynaklanan bir karardır ve eylemlerimizle etkinliği kanıtlanmalıdır. Pek çok insan alçakgönüllülük hakkında hatalı bir fikre sahiptir. Pazar sabahları kiliseye girerler ve şöyle düşünürler:

Kendimi alçakgönüllü hissediyor muyum? Endişeniz alçakgönüllü hissetmek olmasın, bunun yerine alçakgönüllü olmaya karar verin. Kararınızı verin. İnsanların zaman zaman "Tanrım, beni alçakgönüllü biri yap" diyerek dua ettiğini duyarsınız. Tanrı'nın bunu yapabileceğinden kuşku duyarım. Bence sizi alçakgönüllü biri yapabilecek bir tek kişi var ve o da sizsiniz. Eğer alçakgönüllü biri olmaya karar vermezseniz bu asla gerçekleşmeyecektir.

Yakup ve Petrus kendi mektuplarında aynı şeylere işaret ediyorlar.

"Rab'bin önünde kendinizi alçaltın, sizi yüceltecektir" (Yakup 4:10).

"Ey gençler, siz de ihtiyarlara bağımlı olun. Hepiniz birbirinize karşı alçakgönüllülüğü kuşanın. Çünkü, 'Tanrı kibirlilere karşıdır, ama alçakgönüllülere lütfeder'" (1. Petrus 5:5-6).

Ayetin "kendinizi alçaltın" dediğine dikkat edin. Siz alçaltın. 1. Petrus'ta genç olanların yaşlı olanlara saygı gösterme ve onlara bağımlı olma yükümlülüğü olduğunu görüyoruz. Ancak bu uygulama gençlerle sınırlı kalmıyor. Bu prensip *"Hepiniz birbirinize karşı alçakgönüllülüğü kuşanın"* ifadesiyle genç yaşlı hepimiz için geçerli oluyor (5. ayet).

Tanrı kibirlilere karşıdır, ama alçakgönüllülere lütfeder. Tanrı'nın lütfunu istiyorsak kendimizi alçaltmalıyız. Ancak Tanrı'ya gururla yaklaşırsak Kutsal Kitap'ın söylediği gibi *"Rab... ...küstahları uzaktan tanır"* (Mezmur 138:6) ve onları uzakta tutar. Gurur bizi Tanrı'nın huzuruna asla çıkartmayacaktır.

"Uygun zamanda sizi yüceltmesi için, Tanrı'nın kudretli eli altında kendinizi alçaltın" (1. Petrus 5:6).

Ne zaman yüceltileceğimizi belirleyen Tanrı'dır. İsa kendi kendine ölümden dirilmedi, hayır böyle bir şey olmadı; Babasının bunu yapmasını bekledi. Yaşamlarımızdaki en büyük testlerden birisi kendimizi alçaltmak ve Tanrı'nın yanıtını beklemektir. Tanrı genellikle bize yanıt vermesi gerektiğini düşündüğümüz zamanlarda bizi yanıtlamaz.

"Haksız yere acı çeken kişi, Tanrı bilinciyle acıya katlanırsa, Tanrı'yı hoşnut eder. Çünkü günah işleyip dövüldüğünüzde dayanırsanız, bunda övülecek ne var? Ama iyilik edip acı

81

çektiğinizde dayanırsanız, Tanrı'yı hoşnut edersiniz. Nitekim bunun için çağrıldınız. Mesih, izinden gidesiniz diye uğrunuza acı çekerek size örnek oldu" (1. Petrus 2:19-21).

Ne güzel bir tercüme. Neden haksızlığın acısına katlanalım ki? Ama bunu *"Tanrı bilinciyle"* yapabiliriz (19. ayet). Pek çok Hristiyan haksız yere acı çekmenin çağrıldıkları yaşamın bir parçası olduğunun farkında değildir. Hristiyanlar olarak haksız yere acı çekmeye çağrıldık. Peki neden? Alçakgönüllülük kazanmak için. Tanrı şartları ayarlayacaktır, Tanrı'nın ne yapmakta olduğunu görebilmemiz için bu şartlara açık olmamız gerekir.

En nihayetinde alçakgönüllülük irademizden kaynaklanan bir karar aracılığıyla gelmelidir. Bu karar da sözlerle ya da duygularla değil eylemlerle etkin olmalıdır.

İsa Luka 14:8-11'de düğün yemeğine davet edilen bir kişinin masanın başköşesinde değil en arkada oturması gerektiğini söyler. Bu durumda gidecek tek yer yukarısıdır, insan artık böyle bir durumda yalnızca daha iyiye doğru ilerler. John Bunyan'ın "Çoban'ın Ezgisi" şiirindeki şu sözleri çok severim:

"Aşağıda duran düşmekten korkmasın
Alçakta oturan da kibirden
Alçakgönüllü olanın daima
Rehberi olacak Tanrı."

İnsan yerden daha alçağa inemez. Eğer zaten oradaysak, gidebileceğimiz tek bir yer vardır o da yukarısıdır. Kutsal Kitap *"Rab'bin önünde kendinizi alçaltın"* derken (Yakup 4:10), Rab'le kişisel bir ilişkiye vurgu yapmaktadır.

Bana göre yapılacak en iyi şeylerden birisi Rab'bin önünde yere kapanmaktır. Bazen yerde öylece yüzüstü yatar ve O'na şöyle derim: "Rab, bilmeni isterim ki bunun benim ait olduğum yer olduğunun farkındayım." Sonra da orada öylece beklerim, ta ki ruhumda Rab'den gelen bir rahatlama hissedene kadar.

Uygulama

Kendimizi alçaltma prensibinin hayatımıza geçirilmesi için iki pratik yöntem vardır. Birincisi Tanrı'ya ilk geldiğimiz zaman için, ikincisi ise ruhani hayatımızda ilerleme kaydedip olgunlaştığımız zamanlar için geçerlidir.

"Bu sırada öğrencileri İsa'ya yaklaşıp, 'Göklerin Egemenliğinde en büyük kimdir?' diye sordular. İsa, yanına küçük bir çocuk çağırdı, onu orta yere dikip şöyle dedi: 'Size doğrusunu söyleyeyim, yolunuzdan dönüp küçük çocuklar gibi olmazsanız, Göklerin Egemenliğine asla giremezsiniz. Kim bu çocuk gibi alçakgönüllü olursa, Göklerin Egemenliğinde en büyük odur'" (Matta 18:1-4).

Bir çocuğu alçakgönüllü kılan şey nedir? Çocukların davranışlarının her zaman tam olarak sevimli olduğunu söyleyemeyiz, bazen oldukça geçimsiz ve kavgacı olabiliyorlar, ancak yine de çocuklar öğretilebilir bireylerdir. Çok fazla saplantıları, peşin hükümleri ya da önyargıları yoktur. İsa'nın Göklerin Krallığı'na girmek için Tanrı'ya yaklaşan bizlerin O'na küçük çocuklar gibi gelmemiz gerektiğini söylerken bundan bahsettiğine inanıyorum. Başka bir yol yoktur.

1. Korintliler'de Pavlus Korint kilisesine ait insanların ne tür kişiler olduğunu anlatıyor:

"Kardeşlerim, aldığınız çağrıyı düşünün. Birçoğunuz insan ölçülerine göre bilge, güçlü ya da soylu kişiler değildiniz. Ne var ki, Tanrı bil-

geleri utandırmak için dünyanın saçma saydıklarını, güçlüleri utandırmak için de dünyanın zayıf saydıklarını seçti. Dünyanın önemli gördüklerini hiçe indirmek için dünyanın önemsiz, soysuz, değersiz gördüklerini seçti. Öyle ki, Tanrı'nın önünde hiç kimse övünemesin" (1. Korintliler 1:26-29).

Bilge, etkili ya da soylu biri olmanın yanlış bir tarafı yok, bu özellikler tek başlarına herhangi bir sorun teşkil etmezler. Sorun, bu özellikler onları taşıyan kişide gururu açığa çıkardığında oluşur. Bu çok sık olur. Bilgelik sorun değildir, ancak bilgeliğin ardından gelen gurur bir problemdir; soylu biri olarak doğmak sorun değildir, ancak soyluluğun doğuracağı gurur bir sorundur. Bu, imanlılar topluluğunda bu özelliklere sahip kişilerin sayısının az oluşunun sebebini açıklamaktadır. Tanrı bilgeliğe, güce ve soyluluğa karşı değildir. O'nun karşı olduğu şey, bu tür özelliklerin onlara sahip olan kişilerde bir gurur bariyeri yaratma eğilimidir.

Gurur kökünden sökülmelidir. Ve Tanrı seçimini de bu esasa göre yaptı.

Luka şu evrensel ilkeyi belki de diğer Müjde yazarlarından daha fazla ele aldı:

"İleri gelenlerden biri İsa'ya, 'İyi öğretmenim, sonsuz yaşama kavuşmak için ne yapmalıyım?' diye sordu. İsa, 'Bana neden iyi diyorsun?' dedi. 'İyi olan yalnız biri var, O da Tanrı'dır. O'nun buyruklarını biliyorsun: 'Zina etmeyeceksin, adam öldürmeyeceksin, çalmayacaksın, yalan yere tanıklık etmeyeceksin, annene babana saygı göstereceksin.' 'Bunların hepsini gençliğimden beri yerine getiriyorum' dedi adam [doğru konuştuğuna inanıyorum]. *İsa bunu duyunca ona, 'Hâlâ bir eksiğin var' dedi. 'Neyin varsa hepsini sat, parasını yoksullara dağıt; böylece göklerde hazinen olur. Sonra gel, beni izle.' Adam bu sözleri duyunca çok üzüldü. Çünkü son derece zengindi"* (Luka 18:18-23).

Bu adamın yanıtı tipik bir zenginin yanıtına benzemiyordu, ancak İsa Mesih'in huzurunda adamın değerleri birdenbire ve kökünden değişti.

"Onun üzüntüsünü gören İsa, 'Varlıklı kişilerin Tanrı Egemenliği'ne girmesi ne kadar güç!' dedi. 'Nitekim devenin iğne deliğinden geçmesi,

zenginin Tanrı Egemenliği'ne girmesinden daha kolaydır'" (24 ve 25. ayetler).

"İğne deliği" ifadesi bir açıklamayı gerektiriyor. Yeruşalim'de Yafa Geçidi'ni Eski Kent yönünde kapatan büyük demir bir kapı vardı. Bu büyük demir kapı her akşam güneş battıktan sonra kapatılırdı. Hava karardıktan sonra deve ile yolculuk yapan bir yolcu oraya gelip içeri girmek istediğinde, kapıdan sorumlu olan yetkililer bu büyük demir kapıyı açmaz, bunun yerine büyük kapı kesilerek yapılmış başka bir demir kapıyı açarlardı. Bu daha ufak olan kapı yaklaşık yüz yirmi santime 70 santim ölçülerindeydi. Buradan geçmek için ziyaretçinin deveden inerek devenin üzerindeki bütün yükü yere indirip, yüklerinden kurtulmuş olan deveyi dil döke döke kapıdan sıkışa sıkışa geçebilmesi için dizlerinin üstüne eğilmeye ikna etmesi gerekirdi. Bu ufacık kapı "İğne Deliği" olarak bilinirdi. Bu yüzden İsa devenin "iğne deliğinden" geçmesinden söz ederken abartılı ya da alakasız bir ifade kullanmamıştı. Aksine, dinleyenlerin aşina olduğu gerçek bir şeyden bahsediyordu. İsa, Tanrı'ya gelmek isteyen zengin kişinin bir devenin İğne

Deliği'nden geçtiği gibi gelmesi gerektiğini belirtmiştir. Böyle biri öncelikle her şeyden soyunmalı (tüm dünyasal mal varlığından), sonra da dizlerinin üstüne çökmelidir. Yalnızca bu şeyleri yaparak o kapıdan güç bela geçebilir, o dar kapıda gurur ya da mal varlığının geçeceği kadar büyük bir boşluk yoktur.

Naaman'ın Alçakgönüllülüğü

Eski Antlaşma Tanrı'ya yüce bir yoldan gidebileceğini düşünen bir adamın hikâyesine yer verir. Pentekostal insanlarla ilk tanıştığımda onlardan duyduğum bir vaazın konusuydu bu adamın hikâyesi. Naaman hakkında verilen bu vaaz gerçekten de meshedilmiş bir vaazdı.

"Aram Kralı'nın ordu komutanı Naaman efendisinin gözünde saygın, değerli bir adamdı. Çünkü RAB onun aracılığıyla Aramlılar'ı zafere ulaştırmıştı. Naaman yiğit bir askerdi, ama bir deri hastalığına yakalanmıştı" (2. Krallar 5:1).

Cümleleri "fakat" ile bezenmiş insanların sayısı bir hayli çoktur. Naaman'ın her şeyi vardı, "fakat..." O bir ordu komutanıydı, yiğit bir asker olarak tanınan biriydi (fakat korkunç, kirli ve tedavisi olmayan bir hastalığa yakalanmıştı: Cüzzam). Naaman'ın evinde bir grup Suriyeli asker tarafından tutsak alınmış olan Yahudi bir genç kız vardı ve bu kız Tanrı'nın lütfu için gerçekten iyi bir modeldi. Kendisini tutsak alanlara kızmak yerine onlar için endişeleniyordu.

"Bir gün hanımına, 'Keşke efendim Samiriye'deki peygamberin yanına gitse! Peygamber onu deri hastalığından kurtarırdı' dedi. [Elişa hakkında konuşuyordu] *Naaman gidip İsrailli kızın söylediklerini efendisi krala anlattı. Aram Kralı şöyle karşılık verdi: 'Kalk git, seninle İsrail Kralı'na bir mektup göndereceğim.' Naaman yanına on talant gümüş, altı bin şekel altın ve on takım giysi alıp gitti"* (3-5).

Naaman Tanrı'ya yüce bir şekilde gitti. Naaman yanına günümüzün para değerine göre 250,000 dolardan fazla değeri olan altın ve gümüş almıştı. Bu çok büyük bir zenginlikti. Naaman İsrail kralına içinde şu sözler yazılı olan bir mektup getirdi: *"Bu mektupla birlikte sana kulum Naaman'ı gönderiyorum. Onu deri hastalığından kurtarmanı dilerim"* (6. ayet).

Bu hikâyede mizahi bir üslup görüyoruz. İsrail kralı dehşete düştü ve feryat ederek "Ben ne yapabilirim?" dedi. Hatta çılgına dönen kral giysilerini bile yırttı! Kral aslında Aram kralının kendisiyle bir münakaşa başlatmak niyetinde olduğunu sanıyordu:

"İsrail Kralı'nın giysilerini yırttığını duyan Tanrı adamı Elişa ona şu haberi gönderdi: 'Neden giysilerini yırttın? Adam bana gelsin, İsrail'de bir peygamber olduğunu anlasın!' Böylece Naaman atları ve savaş arabalarıyla birlikte gidip Elişa'nın evinin kapısı önünde durdu" (8-9).

Sizce Elişa ne yaptı? "İçeri buyur, hoş geldin! Oturmaz mısın?" mı dedi? Hayır. Elişa kapıyı açmaya bile gitmedi! Tanrı, Elişa aracılığıyla çalışarak Naaman'ın gurur sorununun üstesinden geliyordu:

"Elişa ona şu haberi gönderdi: 'Git, Şeria Irmağı'nda yedi kez yıkan. Tenin eski halini alacak, tertemiz olacaksın.' Gelgelelim Naaman oradan öfkeyle ayrıldı. 'Sandım ki dışarı çıkıp yanıma gelecek, Tanrısı RAB'bi adıyla çağırarak eliyle hastalıklı derime dokunup beni iyileştirecek' dedi, 'Şam'ın Avana ve Farpar ırmakları

İsrail'in bütün ırmaklarından daha iyi değil mi?
Oralarda yıkanıp paklanamaz mıydım sanki?'
Sonra öfkeyle dönüp gitti" (10-12).

Naaman birçoğumuza benzeyen bir adamdı. Kendi kafasında Tanrı'yı programlamıştı ve Tanrı'nın onu iyileştireceği hatta bunu nasıl yapacağı konusunda kendinden emindi. İşler umduğu gibi gitmeyince, Naaman kızgın bir şekilde Ürdün Nehri'ne bakarak oradan uzaklaştı. Ürdün Nehri güzel bir nehir değildir, hatta çamurlu bir nehirdir. Ben Ürdün Nehri'nde vaftiz oldum. Suda dururken, ayak bileklerime kadar nehrin dibindeki bu sıvı çamura batıyordum. Yani Naaman'ın isteksizliğini anlayabiliyorum.

"Naaman'ın görevlileri yanına varıp, 'Efendim, peygamber senden daha zor bir şey istemiş olsaydı, yapmaz mıydın?' dediler, 'Oysa o sana sadece, 'Yıkan, temizlen' diyor'" (13. ayet).

Eğer Elişa Naaman'dan bütün altın ve gümüşleri değerinde bir ücret talep etseydi Naaman bunu ödemek için tereddüt etmezdi. Sorun iyileşme formülünün aşırı basit olmasıydı. Bugün de birçok insan için bu böyledir. Ancak Tanrı'ya şükür Naaman hizmetkârlarının sözünü dinleyecek bir yüreğe sahipti. Naaman gerçek alçakgönüllülüğü öğrenmeye başlıyordu.

"Bunun üzerine Naaman Tanrı adamının sözü uyarınca gidip Şeria Irmağı'nda yedi kez suya daldı. Teni eski haline döndü, bebek teni gibi tertemiz oldu" (14. ayet).

O anda neler yaşandığına bir bakalım. Naaman askeri üniformasındaki bütün süsleri (dört yıldızını, apoletlerini ve madalyalarını) riske atarak onları üzerinden çıkarıyor! Peki, yüzeyin altında ne görünüyor? Cüzzam. Naaman cüzzam yaralarını hizmetkârlarının ve kıyıda bekleyen insanların, yani oradaki herkesin önünde gözler önüne sermek zorunda kaldı.

Kısmi itaat diye bir şey yoktur. Naaman'a yedi kere Ürdün Nehri'ne dalması söylenmişti. Sizce Naaman beş kereden sonra vazgeçseydi ne olurdu? Şahsi inancıma göre yedinci kez suya girene kadar değişen hiçbir şey olmamıştı. Ancak yedinci kez suya daldıktan sonra her şey değişti. Tanrı yedi kez diyorsa, altı ya da sekizi kastetmiyordur, Tanrı ne diyorsa onu kasteder.

Alçakgönüllülüğün Rolü

Kendimizi alçaltmak özellikle önderlik alanında uygulamamız gereken bir prensiptir. İsa Mesih'in kilisesinde önderlik için gereken en önemli nitelik, kendini alçaltma istekliliğidir. Matta 20:20 bunu görmemize yardımcı olur:

"O sırada Zebedi oğullarının annesi oğullarıyla birlikte İsa'ya yaklaştı. Önünde yere kapanarak kendisinden bir dileği olduğunu söyledi. İsa kadına, 'Ne istiyorsun?' diye sordu. Kadın, 'Buyruk ver, senin egemenliğinde bu iki oğlumdan biri sağında, biri solunda otursun' dedi. [oldukça basit bir istek]. *'Siz ne dilediğinizi bilmiyorsunuz' diye karşılık verdi İsa. 'Benim içeceğim kâseden siz içebilir misiniz?' 'Evet, içebiliriz' dediler* [ne söylediklerini bilmiyorlardı].

İsa onlara, 'Elbette benim kâsemden içeceksiniz' dedi, 'Ama sağımda ya da solumda oturmanıza izin vermek benim elimde değil. Babam bu yerleri belirli kişiler için hazırlamıştır.' Bunu işiten on öğrenci iki kardeşe kızdılar. Ama İsa onları yanına çağırıp şöyle dedi: 'Bilirsiniz ki, ulusların önderleri onlara egemen kesilir, ileri gelenleri de ağırlıklarını hissettirirler. Sizin ara-

nızda böyle olmayacak. Aranızda büyük olmak isteyen, ötekilerin hizmetkârı olsun. Aranızda birinci olmak isteyen, ötekilerin kulu olsun. Nitekim İnsanoğlu, hizmet edilmeye değil, hizmet etmeye ve canını birçokları için fidye olarak vermeye geldi'" (Matta 20:20-28).

Zebedi oğullarının annesi İsa'nın önünde yere kapanıyordu, ancak pek de alçakgönüllü değildi. İnsanı alçakgönüllü gibi gösteren birçok eylem ve tavır vardır, ancak alçakgönüllülük içsel bir durumdur; yüreğin bir tutumudur.

İsa İnsanoğlu'nun hizmet edilmeye değil hizmet etmeye geldiğini söyler. Tekrar söylüyorum, Tanrı krallığının kuralı şudur: "Yükselmek istiyorsan alçalacaksın." Ne kadar alçalırsak o kadar yükseliriz ve bu süreç daima ileriye giden bir süreçtir. Krallığa kendimizi alçaltarak gelebiliriz, ancak krallığa bir kez girince daha büyük paylar istiyorsak daha da alçalmalıyız. Böylece herkesin hizmetkârı oluruz. Bu kural Hristiyan yaşamı süresince geçerlidir. Bir insanın hem alçalmaya ayak diretip hem de başkaları için gerçek bir bereket olabileceğinden şüphe duyarım. Kendimizi alçaltmayı reddettiğimiz sürece gururumuz Tanrı'nın almamızı istediği bereketlerin önünü kapatacaktır. Gelin Pavlus'un örneğine bir bakalım:

"Aldığım vahiylerin üstünlüğüyle gururlanmayayım diye bana bedende bir diken, beni yumruklamak için Şeytan'ın bir meleği verildi, gururlanmayayım diye. Bundan kurtulmak için Rab'be üç kez yalvardım. Ama O bana, 'Lütfum sana yeter. Çünkü gücüm, güçsüzlükte tamamlanır' dedi. İşte, Mesih'in gücü içimde bulunsun diye güçsüzlüklerimle sevinerek daha çok övüneceğim. Bu nedenle Mesih uğruna güçsüzlükleri, hakaretleri, zorlukları, zulümleri ve darlıkları sevinçle karşılıyorum. Çünkü ne zaman güçsüzsem, o zaman güçlüyüm" (2. Korintliler 12:7-10).

Tanrı halkını o kadar çok sever ki, onları gurura kapılmaktan korumak için yapabileceği her şeyi yapar. Bazen içinde bulunduğumuz veya Tanrı'ya şikâyet ettiğimiz durumlar, Tanrı'nın bize olan sevgisinin ve ilgisinin kanıtlarıdır.

Bazı insanlar ruhsal bir kişinin her duasının daima yanıtlanacağına inanırlar. Bu standarda göre elçi Pavlus ruhsal biri değildi! Bir konuda üç kez dua etti ve hiç yanıt almadı. Nihayet bir yanıt geldiğinde ise bu "hayır" idi. Bazıları "hayır"ın da bir cevap olduğunu fark etmiyorlar.

Tanrı'nın gücünü istiyorsak, bu gücün bizim zayıflıklarımızda görüneceğini hatırlamalıyız. Pavlus daha sonra "işte" ifadesini kullanıyor. Neden bunca zayıflıktan, aşağılanmadan, zorluktan ve baskıdan zevk alsın ki? Çünkü bütün bunlar ona alçakgönüllülük kazandırmış, onu alçaltmıştır. Aslında Pavlus şunu demek istiyordu: "Ne kadar alçalırsam Tanrı'dan o kadar fazla şey alıyorum; zayıfken güçlüyüm, zayıflıklarımla övündüğümde Tanrı'nın görkemi üzerimde dinleniyor. Ancak ne zaman kendi yeteneğime, aklıma, deneyimlerime ve gücüme bel bağlasam o zaman Tanrı geri çekiliyor."

Vaftizci Yahya Yuhanna 3:30'da bu konuyu kısa ve öz olarak ele alıyor. Yolunu hazırlamak üzere geldiği Mesih olan İsa'yla ilişkisi hakkında konuşurken Yahya şöyle diyor: "O büyümeli, bense küçülmeliyim." Bu basit cümle bir ilerlemeyi gösterir: İsa'nın daima yüceltilmesi için daima alçalmaya hazır olmak.

Müjdeci Dwight L. Moody bir keresinde Rab'bin hizmetinde genç bir delikanlı iken Tanrı'nın armağanlarını raflarda depoladığını hayal ettiğini söylemişti. En iyi armağanların en üstteki raflarda saklandığını ve kişinin onları almak için yukarıya uzanması gerektiğini düşünüyordu. Ancak daha sonra, Dwight bu düşüncesini revize etti ve en iyi armağanların en alttaki raflarda olduğunu (kişinin onları almak için aşağıya eğilmek zorunda olduğunu) düşünmeye başladı.

Ruhsal terfi için kendimizi alçaltma prensibi bizi bir adım daha ileri götürür. Bu prensibi yalnızca Tanrı ile aramızdaki ilişkide değil etrafımızdaki insanlarla olan ilişkilerimizde de kullanmalıyız. İnsanlarla olan ilişkilerimizde işe yaramazsa Tanrı ile olan ilişkimizde de işe yaramayacaktır. Diğer insanlara karşı olan tutumumuz Tanrı ile aramızdaki ilişkide nerede bulunduğumuzu gösteren geçerli bir testtir. Bu gerçek, Hristiyan yaşamının diğer alanlarında olduğu kadar alçakgönüllülük prensibi için de geçerlidir.

"Hiçbir şeyi bencil tutkularla ya da boş övünmeyle yapmayın. Her biriniz alçakgönüllülükle öbürünü kendinden üstün saysın" (Filipililer 2:3).

"Mesih'e duyduğunuz saygıdan ötürü birbirinize bağımlı olun" (Efesliler 5:21).

Birbirimize bağımlı olduğumuzda Mesih'e olan saygımızı kanıtlamış oluruz. Eğer Tanrı'ya bağımlı olduğumuzu iddia ediyor ancak birbirimize bağımlı olmayı reddediyorsak, kendimizi kandırıyoruz demektir. Tanrı'ya olan bağımlılığımızın kanıtı diğer insanlara karşı takındığımız tavrımız ve onlarla olan ilişkimizdir.

RAB'DEN KORKUYOR MUYUZ?

Bu bölümün başlığı muhtemelen pek çok Hristiyan'ın üzerinde çok az düşündüğü önemli bir konuyu ortaya koyuyor. Üzerinde ne kadar da az düşünülse, bu (zarar görme pahasına göz ardı ettiğimiz) oldukça önemli bir konudur. Kutsal Kitap'ın Rab korkusu hakkında söyleyeceği çok şey vardır, ancak Hristiyanların büyük bir çoğunluğu bu kavramı yanlış anlarlar.

Kutsal Kitap'taki tüm konular içinde Rab korkusu Tanrı'nın iyiliği ve kutsaması ile ilgili en göze çarpan vaatleri içerir. Dahası, Kutsal Kitap'ta Rab korkusunun sağladığı bereketlerden daha fazlasını sağlayan başka bir konu daha bilmiyorum.

Yeşaya 33:6 dört kısa sözcükle bitiyor: *"Halkın hazinesi RAB korkusudur."* Rab korkusu korkulacak ya da hor görülecek bir şey değildir. Aksine, Tanrı'nın halkıyla paylaştığı hazine-sidir.

Bir keresinde kendime şunu sordum: "Ne-den hakikat mücevheri Yeşaya'daki bir ayetin sonuna iliştirilmişti?" Sonra bu mücevherin Tan-rı'nın bizden gerçeği aramamızı istediği için ora-ya çok zekice iliştirilmiş olduğu sonucuna var-dım. İsa Kendisiyle ilgili gerçeğin bulunduğu Kutsal Yazılar'ı araştırmamız gerektiğini söyler (Yuhanna 5:39). Kutsal Yazılar'ı araştıran insan-lardan mısınız? Gerçeği bulmak adına gayretli bir arayışla Kutsal Kitap'a tam anlamıyla başvu-ruyor musunuz? İhtiyaçlarınıza cevap ve sorun-larınıza çözüm olarak Tanrı Sözü'ne bakıyor musunuz? Pek çok insan Tanrı'nın onlara söyle-yebileceklerinden korkar, ancak bu korkulacak bir şey değildir.

"RAB korkusu paktır, sonsuza dek kalır" (Mezmur 19:9).

Rab korkusu yalnızca pak değildir, aynı zamanda da paklaştırır (bizi arıtır ve temiz tutar). Mezmur 19 Rab korkusunun sonsuza dek kala-cağını söyler (yalnızca bu yaşam için de değil, sonsuzluklar boyunca). İster insan olsun ister melek, Rab korkusu Tanrı'nın tüm doğru kulları için daima bir işaret olacaktır.

"Günahkârlara imrenmektense, sürekli RAB korkusunda yaşa" (Özdeyişler 23:17).

19. Mezmur *"sonsuza dek"* (9. ayet) ve Özdeyişler 23 *"sürekli"* (17. ayet) diyor. Başka bir deyişle, Rab'den korkmadığımız bir an bile olmamalıdır.

Rab Korkusu Ne Değildir?

Belli başlı korku şekilleri vardır, ancak bunların Kutsal Kitap'ın söz ettiği Rab korkusu ile bir ilişkisi yoktur.

Doğal Korku

Duyduğuma göre yeni doğmuş bir bebek doğal olarak iki şeyden korkarmış: Yüksek ses ve düşme hissi. Büyüyüp hayatta daha ileriye gittikçe, doğal korkularımıza başka şeyleri de ekleriz (kaykaylar, savaşlar, karanlıkta kaybolmak). Bu tür korkular tamamen normaldir. Her insanın böyle korkuları olur, ancak bu tür korkular Kutsal Kitap'ın Rab korkusu dediği şeyi oluşturmazlar.

Şeytani Korku

Şeytani korkular da vardır. Pavlus, Timoteos'a yazdığı ikinci mektubunda şöyle der:

"Çünkü Tanrı bize korkaklık [veya yüreksizlik] ruhu değil, güç, sevgi ve özdenetim ruhu vermiştir" (2. Timoteos 1:7).

Şeytani korkuyu Rab korkusundan ayıran üç işaret olduğunun altını çizmek istiyorum. Öncelikle, şeytani korku Şeytan'dan gelir, Tanrı'dan değil. İkincisi, şeytani korku bizi Tanrı'ya itaat etmekten alıkoymak ister. Şeytan, Tanrı'nın yapmamızı istediği işleri yapmamızı engellemek için bu tür bir korkuyu içimize salar. Dolayısıyla bu tür bir korku, bizi Tanrı'ya itaat etmeye ve bizden istediği işleri yapmaya sevk eden ve bunlar için bizi motive eden Rab korkusunun tamamen zıttıdır. Üçüncü olarak da, şeytani korku işkencedir.

"Sevgide korku yoktur. Tersine, yetkin sevgi korkuyu siler atar. Çünkü korku işkencedir" (1. Yuhanna 4:18).

Şeytani korkunun pek çok örneği vardır. Bunlardan biri kapalı yerlerde bulunma korkusu ya da normal olmayan bir şekilde dolap ve asansör gibi dar mekânlarda bulunma korkusudur. Uzun yıllar boyunca eşim Lydia asansöre binme korkusu yaşadı. Asansöre binmektense altı kat merdiven çıkmayı tercih ederdi. Bir gün Tanrı bize bu korkunun Şeytan'dan geldiğini gösterdi. Biz de onun bu korkusunun üzerine bir duayla gittik ve eşim bu korkudan kurtuldu, hem de bir daha asansöre binmekle ilgili hiçbir sorun yaşamadı.

Bu tür bir korkunun bahsettiğimiz Rab korkusu ile alakası yoktur. İşkence eden korku Şeytan'dan gelir ve Hristiyanca bir yaşamda yeri yoktur. Bu tür korkular kötü bir ruh yüzünden açığa çıkar; doğal değildir, gereğinden fazla bir tepkidir. Böylesi bizi tesir altına alıp boyun eğdiren ve sözümüzü geçiremeyeceğimiz bir korkudur. Belirli durumlarda kontrolü kendi eline alır. Böylesi bir korku Rab korkusu değildir. Aslında işkence eden korku türüne en iyi çare gerçek Rab korkusudur.

Dinsel Korku

Peygamber Yeşaya dinsel korku hakkında yazdı: *"Rab diyor ki, "Bu halk* [İsrail] *bana yak-*

laşıp ağızlarıyla, dudaklarıyla beni sayar, ama yürekleri benden uzak. Benden korkmaları da insanlardan öğrendikleri buyrukların sonucudur..." (Yeşaya 29:13).

İsa Matta 15:7-9'da Yeşaya'nın bu sözlerini "ikiyüzlüler" diye nitelediği o günün dini liderleri için kullanmıştı. Dinsel korku ikiyüzlülük doğuran bir korku türüdür (ikiyüzlülük sözcüğü İngilizcede hypocrite olarak kullanılır). Hypocrite sözcüğünün Grekçede aktör anlamına gelen hupokrites sözcüğünden türediğini hatırlamakta fayda var. Bu tür korku insanları rol yapmaya iter, bu tür bir din göstermelik eylemlerden ya da rol yapmaktan ibarettir. Böyleleri bir kiliseye girdiklerinde genelde tüm davranışlarını değiştirirler. Dua ettikleri zaman muhtemelen özel (belli) bir ses tonuyla dua ederler. Böylelerinde samimi ya da doğal hiçbir şey yoktur, söyledikleri ya da yaptıkları her şey temelde bazı insanların onlara yapmayı öğrettikleri şeyleri yerine getirmek üzerine kurulmuş bir gösterişten ibarettir. İsa bu tür bir yapaylığın Tanrı'nın kendi halkında aradığı şey olmadığını söylemiştir.

Dinsel korku insanlarca öğretilen bir şeydir, Tanrı insanlara böyle bir şey öğretmez. Tanrı böyle bir şey için sorumluluk kabul etmez. Böyle bir dinsel korku aynı zamanda yüzeyseldir, dış tutumları etkiler ancak yürek değişmez, eskisi gibi kalır. Rab, dinsel korkuyla yaşayan bu insanlar hakkında şöyle der: "Dudaklarıyla beni sayar, ama yürekleri benden uzak."

Dinsel korku Tanrı'nın arzuladığı türde bir itaat doğurmaz. Böyle bir korku, O'nun arzuladığı şey olan Tanrı çocuklarının özgürce itaat etmesine değil, bir kölelik tutumunun ortaya çıkmasına yol açar.

İnsandan Korkmak
Diğer bir korku türü de insan korkusudur:

"İnsandan korkmak tuzaktır, ama RAB'be güvenen güvenlikte olur" (Özdeyişler 29:25).

İnsan korkusu Rab'be güvenmenin tersidir. İnsanların ne düşüneceğinden veya ne söyleyeceğinden korktuğumuz zaman, insan korkusuyla hareket etmiş oluruz. İnsan korkusunun bizim önümüze engeller çıkarma konusunda ne kadar başarılı olduğunu aklımızda bulundurmalıyız. İnsanlarla Rab hakkında konuşmamız gereken zamanlar gelir, fakat insan korkusu ağzımızı açmamızı engeller.

İnsan korkusu insanı Tanrı'dan daha önemli kılar. İnsan korkusu ile yaşayanlar, başkalarının onlar için ne düşüneceğiyle Tanrı'nın onlar için ne düşüneceğinden daha fazla ilgilidirler. Bu insanlar için Tanrı'nın düşüncesi tanıdıkları insanların düşüncelerinden daha önemsizdir. İnsan korkusu Tanrı'ya boyun eğmemize de engel olmaktadır. Biz itaat ve doğruluk yollarında yaşamak isterken, bu korku bizi tuzağa düşürür.

Rab Korkusu Nedir?

Rab korkusu özel bir korkudur, evet, bu bir korkudur. Bazen fiziksel olarak çok güçlü bir korku şeklinde yaşanır. Örneğin, Musa Rab'bin görkemiyle karşı karşıya gelip Rab'bin sesini işittiğinde görünüm öyle korkunçtu ki, Musa, *"'Çok korkuyorum, titriyorum' dedi"* (İbraniler 12:21).

Musa büyük olasılıkla Rab'be pek çok insandan daha yakın bir şekilde yaşadı. Ancak Tanrı'nın haşmeti ve görkeminin belirişiyle karşı karşıya kalınca şöyle dedi: "Çok korkuyorum,

106

titriyorum." Eğer Musa titrediyse biz de titreyebiliriz. Titremek zarar veren bir deneyim değildir. Aslında birçok insanın Tanrı'nın harika heybeti ve gücüyle ilgili çok daha büyük ve net bir kavrayışa ihtiyacı var.

Kutsal Kitap'ın pek çok çağdaş tercümesinde korku sözcüğü kullanılmamıştır. Bunu (kısmen de olsa) Tanrı'dan korkma ihtiyacımızı önemsizleştiren hümanistik (insani) tutuma borçlu olduğumuza inanıyorum. Aksine, bizim Tanrı'dan korkmaya ihtiyacımız var! Tanrı korkulması gereken bir Tanrı'dır ve Kutsal Kitap'ta Rab korkusunun gereksiz ya da isteğe bağlı bir şey olduğunu gösteren hiçbir şey yoktur.

Çok yüksek, sarp kayalıklı ve denizden dikine doğru yükselen bir dağ düşünün. Kendinizi de bu dağın zirvesinde hayal edin. Aşağıya doğru baktığınızda bir tarafta uzaktaki dalgaları görürsünüz, ancak yalnızca beyaz köpükleri seçebilirsiniz. Dalgaların dağın temeline doğru akın ettiğinin farkındasınızdır. Ancak, çok yüksekte olduğunuzdan dağa çarpan dalgaların sesini güçlükle duyarsınız. Diğer tarafınıza yani karaya doğru bakınca ise; sıraya dizilmiş, ufka doğru uzanan ve güneşin aydınlattığı çok güzel tarlalar ve ormanlar görürsünüz. İçinde bulunduğunuz durumu anlatabilmek için bir takım sıfatlar kullanabilirsiniz. Güzel, canlandırıcı, ilham verici ya da eşsiz gibi. Başka hiçbir manzara gördüğünüz bu şeyle tam olarak karşılaştırılamaz bile. Görüntünün keyfini çıkarırsınız, gördükleriniz sizi coşturup neşelendirir. Fakat aynı zamanda içinizde derinlerde bir yerde, belli bir farkındalık da yanlış yöne doğru atacağınız tek bir adımın bile kayalıklara çakılıp parçalara ayrılarak denize düşmenize sebep olacağını size sürekli bir şekilde hatırlatır. Bu adımı atmaya hiç niyetiniz yoktur, ancak yine de bunun düşüncesi bile nefesinizin kesilmesine ve diyaframınızda istemsiz bir kasılmaya neden olur.

Bu teorik deneyimle ilişkili olan sözcük huşu (korkuyla karışık saygı) sözcüğüdür (bir şey ya da bir kişi karşısında "huşu duymak" derken anlatmaya çalıştığımız gibi). Bir anlamda huşu duymak, huşu duyduğumuz kişiye veya şeye çok yaklaşmaya cüret edememek anlamına gelmektedir. Diğer bir sözcük ise hürmet'tir.

Rab korkusu yalnızca bu sözcüklerden ya da duygulardan biri değildir. Rab korkusu bunların tümünü kapsamaktadır. Korku, huşu ve hürmet unsurlarının tümünü içinde barındıran Rab korkusunun meyvelerinden biri de Rab'be teslim olma tutumudur.

Rab korkusu yalnızca Kutsal Ruh aracılığıyla kavrayabileceğimiz bir şeydir. Durum ne olursa olsun Rab korkusu bize belirgin ve eşsiz bir tutum kazandıracaktır. Bir durum, karar, sorun ya da ihtiyaçla karılaştığımızda, Rab korkusu şu soruyu sormamıza neden olacaktır: "Tanrı bu konuda ne derdi?" İlk sorumuz bu olmalıdır ("Ben ne düşünüyorum?" ya da "Bundan istediğim şeyi nasıl elde edebilirim?" değil "Tanrı bu konuda ne diyor?"). Rab korkusu, daima Rab'bi hoşnut etmeyi aramamız için bizi isteklendirir.

Rab korkusuna sahip olmak, tam olarak On Buyruk'un ilkine itaat etmektir: *"Benden başka tanrın olmayacak"* (Mısır'dan Çıkış 20:3). Bu buyruk şöyle de tercüme edilebilir: "Benim dışımda tanrın olmayacak."

Bu buyruğa bağlı kalmak yaşamımızda Rab korkusunu meydana getirecektir. Bu buyruğa itaat edebilmek için bütün önceliği Tanrı'ya vermeliyiz. Rab Tanrı'dan başka hiçbir şey (hiçbir etki, kişi ya da dürtü) yaşamımızda O'nun kadar yer kaplamamalıdır. Düşündüğümüzde bu beklentinin son derece mantıklı olduğunu görürüz. Eğer Tanrı Kendisini bize açıklamak (Kendisini bir şekilde bizle paylaşmak, hayatımıza girmek) istiyorsa ve bu Her Şeye Gücü Yeten Tanrı bize, topraktan yarattığı biz yaratıklara Kendi paydaşlığını tatma ayrıcalığını teklif ediyorsa, biz neden O'na yaşamımızdaki birinci sırayı değil de başka bir yeri sunalım ki?

Yaratılış 31 belki de bazı insanların hiç farkına varmamış olduğu çok önemli bir ifadeye yer verir. Bu sahnede Yakup amcası Lavan ile karşılaşmakta ve bu iki adam aralarında çetin bir anlaşmazlık yaşamaktadırlar. Sonunda Lavan şöyle bir şey der: "Eğer Tanrı benimle konuşmamış olsaydı, senden intikam alırdım." Tanrı Lavan'a görünüp Yakup'a zarar vermemesini söylediğinden Lavan vahşet içeren bu gündeminden vazgeçmişti. Ve sonra Yakup Lavan'a şöyle söyledi:

"Babamın ve İbrahim'in Tanrısı, İshak'ın taptığı Tanrı benden yana olmasaydı, beni eli boş gönderecektin" (Yaratılış 31:42).

İfadeye dikkat edin (Kutsal Kitap'ın King James İngilizce çevirisinde şu şekilde geçer):

"İbrahim'in Tanrısı, İshak'ın Korktuğu Tanrı." Aynı bölümde, sonraki ayetlerde Yakup'un şu şekilde yemin ettiği söyleniyor:

"'İbrahim'in, Nahor'un ve babalarının Tanrısı aramızda yargıç olsun.' Yakup babası İshak'ın taptığı (korktuğu) Tanrı'nın adıyla ant içti" (53. ayet).

İbrahim'in Tanrı'sı iki kez "İshak'ın Korktuğu Tanrı" olarak nitelendiriliyor. İshak'ın Tanrı'ya karşı davranışlarında, Kutsal Kitap'ın tam olarak anlatmadığı ve insanların Tanrı'yı "İshak'ın Korktuğu Tanrı" olarak nitelendirmelerine sebep olacak bir şey olmalıydı.

Peygamber Yeşaya İsa hakkında peygamberlik etti ve bize O'nun bir resmini çizdi. İşte İsa hakkında bu güne dek yapılmış olan en güzel ön açıklamalardan birisi. İsa Yeşaya peygamber tarafından "İşay'ın kütüğünden çıkacak Filiz" ilan edilir: "İşay'ın kütüğünden yeni bir filiz çıkacak, kökünden bir fidan meyve verecek. RAB'bin Ruhu, bilgelik ve anlayış ruhu, öğüt ve güç ruhu, bilgi ve RAB korkusu ruhu Onun üzerinde olacak" (Yeşaya 11:1-2).

"Fidan" Mesih'in Eski Antlaşma'daki unvanlarından biridir. Vahiy kitabında da İsa hakkında şöyle söylenir:

"Ben Yuhanna'dan, Asya İli'ndeki yedi kiliseye selam! Var olan, var olmuş ve gelecek olandan, O'nun tahtının önünde bulunan yedi ruhtan ve ölüler arasından ilk doğan, dünya krallarına egemen olan güvenilir tanık İsa Mesih'ten sizlere lütuf ve esenlik olsun" (Vahiy 1:4).

Ruh sözcüğü tercüme edilirken büyük R harfiyle yazılmıştır. Vahiy 4:5 Tanrı'nın tahtının önünde duran "yedi meşaleden" söz eder. Bunlar "Tanrı'nın yedi Ruhu"dur. Gerçekten de yalnızca bir tek Kutsal Ruh vardır, ancak bununla beraber Ruh'un birbirinden farklı yedi hali, belirişi ya da işlemekte olduğu yedi şekli vardır. Kutsal Ruh'un bu yedi Ruh'unu ya da yedi şeklini Yeşaya 11:2'de bulabileceğimize inanıyorum.

Bunların ilki *"Rab'bin Ruhu"* (Tanrı'nın şahsında Tanrı olarak konuşan Ruh). Elçilerin İşleri 13:2'de Pavlus Kutsal Ruh'un Antakya'daki kiliseye *"Barnaba'yla Saul'u, kendilerini çağırmış olduğum görev için bana ayırın"* dediğini yazdı. Kutsal Ruh kiliseyle Rab'bin şahsında birinci ağızdan konuştu. Hatırlayın; Baba Tanrı Rab'dir, Oğul Tanrı Rab'dir ve Ruh Tanrı Rab'dir. Kutsal Ruh'un diğer iki yönü Yeşaya 11:2'de verilmiştir: *"Bilgelik ve anlayış ruhu."* Diğer bir ikisi: *"Öğüt ve güç ruhu."* Ve nihayet son iki yönü de şunlar: *"Bilgi ve RAB korkusu ruhu."*

Şunların Kutsal Ruh'un yedi şekli olduğuna inanıyorum:

1. (Baba Tanrı ve Oğul Tanrı gibi Tanrı olan) Tanrı olarak ilk ağızdan konuşan Ruh.

2, 3. "Bilgelik ve anlayış ruhu." Bir araya toplamamız gereken şeylere baktığımda daima etkileniyorum. Bir kişide bilgelik mevcut olabilir, ancak eğer anlayıştan yoksunsa bilgeliğini etkili bir şekilde kullanamayacaktır. Eskiden uzman bir filozoftum ve bilgelik üzerine eğitim almış olmama rağmen pek fazla anlayışa sahip değildim.

4, 5. Güç (kuvvet veya mukavemet) ile iç içe geçmiş "Öğüt Ruhu" (ne yapılması gerektiğini bilmek veya yön verebilmek). Öğüt olmadan güce sahip olmak korkunç bir şeydir. Böyle bir durum sizi sonunda gücünüzü yanlış kullanmaya itebilir.

6, 7. "Bilgi ve RAB korkusu ruhu." Bilgi harika bir şeydir; pek çok insan onu arzular. Ancak tek başına bilgi böbürlendirir ve kişiyi kibre açık hale getirir (bkz. 1. Korintliler 8:1). Kutsal Kitap neredeyse her seferinde bilgiyi Rab korkusuyla eşleştirir. Rab korkusuna sahip olmadan bilgiyi aramamalıyız, yoksa bilgi bize yarardan çok zarar sağlayacaktır.

Yeşaya 11:3 *"Rab korkusu hoşuna gidecek"* olan İsa Mesih'in bir resmidir. Burada bir önceki ayette (11:2) belirtilen Ruh'un yedi yönünden, sadece bir tanesi hakkında ek bir yoruma gerek görülmüştür. Ruh'un beliriş şekilleri arasından Kutsal Ruh'un özellikle odaklandığı "Rab korkusudur." Eğer İsa'nın Kendisi Rab korkusuna ihtiyaç duyduysa, bizim de buna ihtiyacımız yok mudur? Rab korkusu yalnızca Kutsal Ruh aracılığıyla edinilir. Bizler Ruh olmaksızın hem eksik kalırız, hem de kibir ve Şeytan'ın tuzaklarının açık hedefi haline geliriz.

İbraniler 5, Baba Tanrı'nın İsa'nın dualarını neden her zaman duyduğuyla ilgili çok kayda değer bir açıklama getirmektedir:

"Mesih, yeryüzünde olduğu günlerde kendisini ölümden kurtaracak güçte olan Tanrı'ya

büyük feryat ve gözyaşlarıyla dua etti, yakardı ve Tanrı korkusu nedeniyle işitildi. Oğul olduğu halde, çektiği acılarla söz dinlemeyi öğrendi" (İbraniler 5:7-8).

Tanrı İsa'nın dualarını dinledi çünkü İsa daima tanrısal bir korkuyla dua ediyordu. Yukarıdaki bölüm, İsa'nın ıstırap içinde Getsemani bahçesinde Kendisine ihanet eden ve Kendisini sonunda çarmıha gerecek olan askerleri oraya getiren Yahuda'yı beklediği anı resmetmektedir. İsa keder içinde Babasına dua etti: *"Yine de benim değil, senin istediğin olsun"* (Luka 22:42). Böylesi bir teslimiyet Rab korkusunun ne anlama geldiğinin bir özetidir. "Rab, kendi seçimlerimi Senin seçimlerinin önüne koymama asla izin verme. Hiçbir şeyin Senin iradenden daha önemli görünmesine olanak tanıma." Bu tutum Rab korkusunun özüdür.

BÖLÜM 10

YERİNE GETİRMEMİZ GEREKEN ŞARTLAR

Rab korkusunun etkin olması için kişinin yerine getirmesi gereken belirli bazı temel şartlar vardır. Bunlar bir kez yerine getirildiğinde kişi Tanrı'nın kutsaması altına girer. İlk şart karar verme konusuyla ilgilidir. Pek çok insan çaresiz bir duruma gelinceye dek Tanrı'ya yakarmaz, ancak Özdeyişler 1'de Tanrı böyle duaları dinlemeyeceğini söylemiştir:

> *"O zaman beni çağıracaksınız,*
> *Ama yanıtlamayacağım.*
> *Var gücünüzle arayacaksınız beni,*
> *Ama bulamayacaksınız.*
> *Çünkü bilgiden nefret ettiniz.*
> *RAB'den korkmayı reddettiniz"* (Özdeyişler 1:28-29).

Tekrar ediyorum, bilgi ve Rab korkusu yan yana giden unsurlardır. Bu bölümde sözü edilen kişiler Rab korkusunu reddettikleri için Tanrı da onları reddetti. Biz onu istemedikçe Rab korkusu hayatımıza girmeyecektir, bunun kararını vermek bizim elimizdedir. Şimdi dua edelim: "Ey Tanrı, hayatımda Rab korkusuna yer açmak istiyorum. Yüreğimi ve hayatımı Rab korkusuna açıyorum. Bana Rab korkusunu öğret."

Bir karar verme gerekliliği bizi diğer şarta götürür. Bu şartı 34. Mezmur'da görüyoruz. Kutsal Ruh'un Tanrı'nın çocuklarına ne söylediğine bir bakalım:

"Gelin, ey çocuklar, dinleyin beni: Size RAB korkusunu öğreteyim. Kim yaşamdan zevk almak, iyi günler görmek istiyorsa, dilini kötülükten, dudaklarını yalandan uzak tutsun" (Mezmur 34:11-13).

Rab korkusunun bize öğretilmesine ihtiyacımız var. Rab korkusuna yüreğimizi açmayı seçtikten sonra Kutsal Ruh'un bize Rab korkusunu öğretmesine izin vermeliyiz. Kutsal Ruh'tan başka bize Rab korkusunu öğretebilecek bir öğretmen yoktur.

Eğer Kutsal Ruh'un bize Rab korkusunu öğretmesine izin verirsek bunun bize yansıyan sonucu yaşama sahip olmamız ve pek çok iyi gün görmemiz olacaktır. Bu vaat bizi motive eder ve kendisini konuşma biçimimizde (ağzımızdan çıkan sözlerde) açığa çıkarır. Konuşma tarzımız Rab korkusunu yansıtıyor mu?

"Kendini bilge biri olarak görme, RAB'den kork, kötülükten uzak dur" (Özdeyişler 3:7).

Burada sözü edilen şartlar kendi bilgeliğimize güvenmemek ve kötülükten uzak durmaktır. Sırtımızı kötü olana dönmeli ve kendimizi ondan ayırmalıyız. Kutsal Kitap'ın açıkça belirttiği şeylerden biri de kötülük ve Rab korkusunun bir arada gitmediğidir.

Aşağıdakiler yaşamlarımızda Rab korkusuna sahip olabilmemiz için yerine getirmemiz gereken ön koşullardır:

1. Doğru kararı vermemiz ve Rab korkusunu seçmemiz gerekiyor. Muhtemelen hayatlarında bu kararı verme ihtiyacı ile hiç karşı karşıya kalmamış bazı Hristiyanlar vardır.

2. Kutsal Ruh tarafından eğitilmeliyiz. Yalnızca O bize Rab korkusunu öğretebilir. Birer

öğrenci gibi Kutsal Ruh okuluna kaydımızı yaptırmamız gerekmektedir.

3. Kendi bilgeliğimize bel bağlamayı reddetmeliyiz.

4. Bildiğimiz her tür kötülüğü reddetmeliyiz.

BÖLÜM 11

FAYDALAR VE BEREKETLER

Rab korkusu bilgeliğin tek kaynağıdır. Şimdi Rab korkusunun bizim için neler yapacağına bir göz atalım. İşte size hatırlaması kolay bir ayet: Eyüp 28:28.

[Tanrı] *"İnsana, 'İşte Rab korkusu, bilgelik budur' dedi, 'Kötülükten kaçınmak akıllılıktır.'"*

Eyüp 28. bölüm 28. ayetten önceki ayetleri okuduğumuzda Tanrı'nın bilgeliğinin tüm evrende açıklandığını görürüz. Evrendeki her şey Tanrı bilgeliğinin bir yönünü ifade etmektedir. Tanrı'nın sınırsız bilgeliği sarsıcı ve şaşırtıcıdır, sınırlı aklımız onu kavramaya yetmez. Ancak Tanrı bir anlamda bize şöyle seslenir: "Eğer Benim bilgeliğime kavuşmak istiyorsanız (Kendi bilgeliğimi sizin yaşamlarınızda açığa çıkarmaya başlamamı istiyorsanız) bunun için tek bir yol var: Rab korkusu." İnsanın gerçek bilgeliğe ulaşmasının tek yolu Rab korkusudur (doğru bir hayat yaşayarak). "Kötülükten kaçınmak akıllılıktır." Bilgeliğin ahlaki temellerini bilmek önemlidir.

"Bilgeliğin temeli RAB korkusudur, O'nun kurallarını yerine getiren herkes sağduyu sahibi olur" (Mezmur 111:10).

Temeli olarak tercüme edilen sözcük aynı zamanda "ana kısım" anlamına da gelir. (Rab korkusu her tür bilgeliğin kökeni ve temelidir.) Tekrar ediyorum, anlayış Tanrı'nın buyruklarına itaat etmekle bağlantılıdır ve içinde ahlaki bir yön barındırır.

Bilgelikten anlayış doğar. Orijinal İbranice şekliyle anlayış sözcüğü, kişilerin ve durumların gerçek doğasının ve özünün içyüzünü anlamak anlamına gelir (sadece akıllılıktan çok daha fazlasını ifade eder). Akıllı biri bile bazen başka birileri tarafından aldatılabilir. Ancak anlayış sahibi bir insan, muhatap olduğu kişinin doğasını ve ilgilenmesi gereken durumun özünü görür.

"RAB korkusudur bilginin temeli. Ahmaklarsa bilgeliği ve terbiyeyi küçümser" (Özdeyişler 1:7)

Tekrar etmem gerekirse temeli olarak tercüme edilen sözcük aynı zamanda "ana kısım" anlamına da gelir (Rab korkusu bilginin ana kısmıdır). Bu son üç pasajdaki ayetlere bakarsak Rab korkusunun öncelikle bilgelik; sonra anlayış ya da önsezi ve son olarak da bilgi oluşturduğunu görürüz. Ancak Özdeyişler bölümünün yazarı daha da ileri gider ve şöyle söyler: "Ahmaklarsa bilgeliği ve terbiyeyi küçümser." Terbiyeyi küçümsemek (kibirli, kendine güvenen, ukala, düzeltilmeyi sevmeyen biri olmak) ahmaklıktır. Ve ahmaklık otomatik olarak gerçek bilgeliği dışarıda bırakır. Ahmaklık Rab korkusunun tam tersidir.

"RAB korkusudur bilgeliğin temeli. Akıl Kutsal Olan'ı tanımaktır" (Özdeyişler 9:10).

Rab korkusundan gelen bilgelik Tanrı'nın kutsallığıyla paydaşlık kurmamızı sağlar. Ve Tanrı'nın kutsallığıyla paydaşlık kurduğumuzda, kötülükten ayrılıp Rab'bin buyruklarına uymamıza sebep olacak olan, bizi arıtan ve kutsallaş-tıran Rab korkusunda hareket eder ve yaşarız.

Bilgeliği ve zihinsel eğitimi birbirinden ayır-malıyız. Yüksek düzeyde eğitimli olup da bir ahmak olarak yaşamak da mümkündür. Bugün dünyadaki sorunların büyük kısmının sebebi eğitimli ahmaklardır.

Kutsal Kitap'ta anlatılan şekliyle bilgelik; akıl, eğitim ya da bilimsel öğrenimden oldukça farklıdır. 51. Mezmur'da Davut, bu konunun tam olarak özüne değinir. Kırık ve tövbekâr bir yürekle Rab'le konuşan Davut şöyle yazdı:

"Madem sen gönülde sadakat istiyorsun, bilgelik öğret bana yüreğimin derinliklerinde" (Mezmur 51:6).

Tanrı gönülde (Rab korkusu aracılığıyla ge-len) sadakat arar. Gönülden bir sadakate sahip-sek samimi ve doğru isek ve Tanrı'ya yüreğimizi açıyorsak) o zaman "bize bilgelik öğretmeyi" vaat eder. Bilgelik akılla aynı şey değildir. Bil-gelik akılda değil, insanın içinde gizlidir (ruhun-da, iç derinliklerinde). O'nun bilgeliğini elde edebilmemiz için Tanrı'nın Rab korkusunu ek-mek istediği yer insanın gizli derinlikleridir.

Tanrı'nın bilgeliğine ulaşmanın tek yolu Rab korkusudur. Rab korkusu dışında Tanrı bilgeliğinin yaşamlarımıza girmesinin başka hiçbir yolu yoktur. O'nun bilgeliği her ne kadar zihnimizi aydınlatsa da öncelikli olarak zihinsel kapasitemizi etkilemeyecektir.

O'nun bilgeliği dünyasal eğitim için de bir alternatif olmayacak, bize eğitimin verdiği şeyleri vermeyecektir. Tanrı'nın bilgeliği tamamıyla eşsizdir. Ruhumuza girer ve gözlerimizi açar, ta ki Tanrı'nın amaçlarının ne olduğunu araştırmaya (ve hayatımızı ve çevremizde olup bitenleri Tanrı'nın amacı ve aklının ışığında görmeye) başlayabilelim.

Kutsal Kitap'ta akıl bilgelikle yakın bir ilişki içindedir. Tanrı'nın bilgeliği bizdeyse O'nun aklına da sahip oluruz. Tanrı'nın aklıyla farklı durumlarda nasıl hareket etmemiz gerektiğini, farklı insanlara nasıl davranmamız gerektiğini ve onlara nasıl yardım edebileceğimizi biliriz.

Vaiz 10:10 şöyle der: *"Bilgelik başarı doğurur."* Bilgelik bize gitmemiz gereken yolu gösterir, bizi geçmiş yaşamın çukurlarının, tuzaklarının ve küçümsenen tehlikelerinin içinde yönlendirir.

Bilgelik yüreğin derinliklerinde bulunur (insan ruhunun en derin bölümlerinde). İnsanın en derin bölümlerine giden yalnızca bir yol vardır ve bu yol zihinsel eğitimle bulunamaz.

Bunun yerine Kendi bilgeliğini yüreğimizin derinliklerine tek yol olan Rab korkusu aracılığıyla aktaracak olan Tanrı'ya yüreğimizi açmalıyız. Tanrı'dan bizim için bu yolu açmasını istememiz şarttır.

Mezmurlarda

"RAB'be korkuyla hizmet edin, titreyerek sevinin" (Mezmur 2:11).

Bizden yalnızca Rab'be hizmet etmemiz istenmiyor, aynı zamanda "RAB'be korkuyla hizmet edin" deniyor. Doğal aklımız ayetin ikinci bölümünü kavramakta zorlanıyor. Diyoruz ki: Eğer korku varsa, sevinemem ki; eğer sevinçliysem, o zaman da korkuya yer olmaz. Doğal olarak korku ve sevinmenin birbirinden ayrı olduğunu düşünmeye eğilimliyiz. Ancak durum hiç de böyle değil.

Sevinmeye hakkımız olduğunu öğrenmemiz gerekiyor. Ruhani alemde, sevinci yaratan şey aslında Rab korkusudur. Rab korkusu olmaksızın sevincimiz sığ, temelsiz ve geçicidir. Korku ve sevincin birleşmesinden başarılı bir Hristiyan yaşamı doğar. Ruhsal emniyetimiz, Rab korkusu ile Rab'deki sevinç arasındaki denge ile güvence altına alınmıştır.

Tanrı'ya karşı farklı şekilde tepki veren insanlarla dalga geçmeye inanmıyorum. Ben belli bir şekilde tepki verebilirim, başka biri başka bir şekilde. Ancak Tanrı'ya verilen yanıt samimi ise her ne şekilde gösterilirse gösterilsin ben ona saygı duyarım.

Anglikan Kilisesi'ne giderek büyüdüm. Anglikanizm'in dışında başka mezhep ve cemaatlerin de olduğunu keşfettiğimde onlarla dalga geçmiştim.

Örneğin, ciddi ve sessiz kişileri gördüğümde onlarla alay ederdim. Bana göre onlar özgürlükten yoksun kişilerdi. Ancak insanların Tanrı'ya yaklaşımlarında farklı yolların olduğunun farkına vardığımda bu insanlarla dalga geçmeyi bıraktım.

Mezhebimiz ya da kilisemiz ne olursa olsun, Tanrı'ya verdiğimiz yanıt ne olursa olsun sevinç ve titremeyi bir arada götürmeliyiz.

"Kim RAB'den korkarsa, RAB ona seçeceği yolu gösterir. RAB kendisinden korkanlarla paylaşır sırrını, onlara açıklar antlaşmasını" (Mezmur 25:12, 14).

Tanrı Kendisinden korkanı eğitir ve onu Kendi seçeceği yolla eğitir. İnsanlara birçok kez bir Kutsal Kitap okuluna ya da seminerine kaydolsak bile bunun Tanrı'nın bizi eğiteceğinin bir garantisi olmadığını söyledim. Çünkü Rab öğrencilerini kişiliklerini esas alarak seçer. Aradığı ilk kişilik özelliği de Rab korkusudur.

14. ayet Kutsal Kitap'taki en büyüleyici ifadelerden biri olarak gördüğüm bir şeyden söz eder: *"Rab Kendisinden korkanlarla paylaşır sırrını"* Rab'bin sırlarına ortak olmak ne büyük bir ayrıcalık!

"RAB korkusu paktır, sonsuza dek kalır..." (Mezmur 19:9).

"RAB korkusu paktır." Ne güzel bir söz. Rab korkusunda, bizi günahın lekelemesinden ve bu dünyanın kirinden koruyan paklaştırıcı bir güç vardır. Yaşadığımız dünya son derece kirli bir yerdir. Fiziksel alemde var olan hava kirlili-

ğinden endişe ediyoruz, ancak ruhani alemdeki kirlilik çok daha kötüdür. Duyduğumuz, okuduğumuz ya da televizyonda seyrettiğimiz şeylerin büyük çoğunluğu (işyerlerimizde veya başka yerlerde bizi çevreleyen şeylerin çoğu) kirlidir. Bu kirlilik ahlaki dokumuzu (yapımızı) bozmaktadır. Bizi koruyacak bir şeye ihtiyacımız var (bizi dünyanın kirletmesinden koruyacak bir şeye). Mezmur yazarı bizi Tanrı'nın sağlayışına yönlendirir: *"RAB korkusu paktır, sonsuza dek kalır."*

Rab korkusunun sonu yoktur, sonsuz ve sınırsızdır. Rab korkusu, Tanrı'nın değişmez şartı ve daimi sağlayışıdır.

"Gelin, ey çocuklar, dinleyin beni: Size RAB korkusunu öğreteyim. Kim yaşamdan zevk almak, iyi günler görmek istiyorsa, dilini kötülükten, dudaklarını yalandan uzak tutsun. Kötülükten sakının, iyilik yapın; esenliği amaçlayın, ardınca gidin" (Mezmur 34:11-14).

Burada Kutsal Ruh Rab korkusuyla ilgili bazı son derece önemli özellikleri ortaya çıkartıyor. Öncelikle Rab korkusu öğretilmelidir. Kutsal Ruh der ki: *"Size RAB korkusunu öğreteyim"*

(11. ayet). Eğer öğretilmeye açık değilsek (eğer öğüt almaya ve düzeltilmeye gönüllü değilsek) o zaman Rab korkusuna sahip olamayız.

İkinci olarak, Mezmur yazarı yaşamımızda Rab korkusunun görüleceği ilk yerin dillerimiz (söylediğimiz sözler) olduğunu söyledi. *"Dilini kötülükten (uzak tut)"* (13. ayet). Dilini kontrol etmeyen kişi Rab korkusuyla hareket etmiyor demektir. Rab korkusu kendini dikkatlice seçilmiş sözlerde gösterir (abartısız ve ahmakça olmayan sözlerde).

Ayetlerde üzerinde durulan üçüncü özellik ise Rab korkusunun kötülüğe hiçbir şekilde taviz vermemesidir. Ayette bize söylenen şudur: *"Kötülükten sakının, iyilik yapın"* (14. ayet).

Rab korkusu bize yaşam sunar (iyi günler göreceğimiz uzun bir yaşam). Mezmurlar'da ve Özdeyişler'de bu gerçeğin üzerinde sürekli olarak durulmaktadır. Rab korkusu bize yaşam sağlar (iyi ve çok günler göreceğimiz uzun bir yaşam).

128. Mezmur, Rab'den korkan ve bunun sonucu olarak da pek çok bereketler alan kişiyi çok güzel bir şekilde resmeder:

"Ne mutlu RAB'den korkana, O'nun yolunda yürüyene! Emeğinin ürününü yiyeceksin, mutlu ve başarılı olacaksın. Eşin evinde verimli bir asma gibi olacak; çocukların zeytin filizleri gibi sofranın çevresinde. İşte RAB'den korkan kişi böyle kutsanacak" (Mezmur 128:1-4).

Her şey dahil kutsama! Kişinin kendisi için kutsama, işi için kutsama, evi için kutsama, eşi için kutsama ve çocukları için kutsama. "Mutlu ve başarılı olacaksın" (Bütün bunlar Rab'den korkan ve O'nun yollarında yürüyen adama vaat edilen kutsamalardır).

Özdeyişlerde

Rab korkusunun gerçek bilgeliğin tek kaynağı olduğunu gördük. Özdeyişler kitabının ilk bölümünde bilgelik tüm insan ırkına dramatik bir yakarışta bulunan bir kadına benzetilmiştir:

"Bilgelik dışarıda yüksek sesle haykırıyor, meydanlarda sesleniyor. Kalabalık sokak başlarında bağırıyor, kentin giriş kapılarında sözlerini duyuruyor: 'Ey budalalar, budalalığı ne zamana dek seveceksiniz? Alaycılar ne zamana dek alay etmekten zevk alacak? Akılsızlar ne zamana

dek bilgiden nefret edecek? Uyardığımda yola gelin, o zaman size yüreğimi açar, sözlerimi anlamanıza yardım ederim" (Özdeyişler 1:20-23).

Ayetin başlangıcı insanların bir araya geldiği buluşma yerlerinden (çok büyük bir insan nüfusunun içinde bulunabileceği yerlerden) söz eder. Bu nedenle de bilgeliğin tüm insanlığa yakarmakta olduğunu söyleyebiliriz.

Bilgeliğin kişileştirilmesinin ardında Rab'bin Kendisi vardır. Rab aslında şöyle demektedir: "Sizi kınadığım zaman eğer tövbe eder ve Bana dönerseniz, Ruhumu üzerinize dökeceğim; Sözlerimi anlamanızı sağlayacağım." Yalnızca Kutsal Ruh'un kendisi Tanrı'nın Sözleri'ni anlayabilmemizi sağlayabilir. Bunun ardından Tanrı inatçı ve isyankâr kişilere şöyle seslenir:

"Ama sizi çağırdığım zaman beni reddettiniz. Elimi uzattım, umursayan olmadı. Duymazlıktan geldiniz bütün öğütlerimi, uyarılarımı duymak istemediniz. Bu yüzden ben de felaketinize sevineceğim. Belaya uğradığınızda, bela üzerinize bir fırtına gibi geldiğinde, bir kasırga gibi geldiğinde felaketiniz, sıkıntıya, kaygıya düştüğünüzde, sizinle alay edeceğim. O zaman

beni çağıracaksınız, ama yanıtlamayacağım. Var gücünüzle arayacaksınız beni, ama bulamayacaksınız. Çünkü bilgiden nefret ettiniz. RAB'den korkmayı reddettiniz. Öğütlerimi istemediniz, uyarılarımın tümünü küçümsediniz" (Özdeyişler 1:24-30).

Tekrar ediyorum, Rab korkusu biz bunun için karar verdiğimizde yaşamımıza girecektir. Tanrı'nın öğüdünü ve uyarısını küçümsemenin tersi olan Rab korkusunu seçmeliyiz. İrademizi kullanmalıyız. Bize Rab korkusunu kazandırması için Tanrı'yı davet etmeye karar vermeliyiz. Bu kendi kendine olacak bir şey değildir. Bu süreçte irademizle ortak bir çalışma yürütmek zorundayız.

Gönüllü bir karar vermezsek, Rab korkusu bize gelmez. O durumda kendimizi Tanrı'nın öğüdünü kabul etmeyen ve O'nun uyarılarını küçümseyen insanlarla aynı saflarda buluruz. Bilgeliği ve Rab korkusunu reddetmenin sonuçları ise üzüntü ve acıdır.

Karşımızda çok açık bir dönüm noktası bulunuyor: Ya Rab korkusunu bize öğretmesi için Tanrı'yı çağırırız ya da Tanrı'nın öğütlerini hor görüp uyarılarını reddederek O'ndan uzaklaşırız. Eğer Rab korkusuna sahipsek sözünü ettiğimiz bütün o kutsamalar bizim olacaktır. Ancak Tanrı'nın öğütlerini ve uyarılarını küçümsersek ve yüreklerimizi Rab korkusuna açmazsak o zaman üzüntü ve acı bizi bulacaktır.

Bilgelik insanlığa yaptığı o coşkulu çağrısına devam ediyor. İnsanlık değişmedi. İnsanların yürekleri ve tuttukları yollar, Kutsal Kitap'ın yazıldığı dönemlerdekinden farklı değildir. Tanrı da değişmedi. Tanrı bugün hala insanlara şu şekilde konuşur: "Durun! Tuttuğunuz yolları bir düşünün! Bir an için Ben'i dinleyin, çünkü sizin için sağlam nasihatlerim ve öğütlerim var. Size kutsamalarımın yaşamlarınıza bol bol gelmesini sağlayacak bir şey öğretmek istiyorum."

"RAB'den korkmak kötülükten nefret etmek demektir. Kibirden, küstahlıktan, kötü yoldan, sapık ağızdan nefret ederim" (Özdeyişler 8:13).

Bilgelik tekrar konuşuyor (bize Rab korkusunun doğasında kötülükten nefret etmenin olduğunu söylüyor). Kutsal Kitap'ta sürekli olarak Rab korkusunun kötülüğe hiçbir şekilde taviz

133

vermediğini görüyoruz. Rab korkusuna sahipsek, kötü olanı hiçbir şekilde hoş görmez ve ona taviz vermeyiz. Aksine; kötülükten nefret eder, onu reddeder ve yaşamlarımızda ona en ufak bir yer bile vermeyiz.

Yukarıdaki ayette tekrarlanan diğer bir gerçek de, Rab korkusunun kullandığımız sözlerde ve dilimizde açığa çıkacağıdır. Bilgelik şöyle diyor: *"RAB'den korkmak kötülükten nefret etmek demektir. Sapık ağızdan nefret ederim."* Rab korkusu dilimizi nasıl kullanacağımızı bize öğretecektir.

"Sevgi ve bağlılık suçları bağışlatır, RAB korkusu insanı kötülükten uzaklaştırır" (Özdeyişler 16:6).

Aynı şey burada da görülüyor: Rab korkusu kötülüğe en ufak bir taviz bile vermez. Rab korkusuna sahip olanlar, kötülükten nefret ederler; bu özellik içlerinden gelen bir tutumdur. Kötülükten uzaklaşmalıyız. Kötülükten uzaklaşmak, kötülüğe verilecek tavizi engelleyen bir eylemdir.

"RAB korkusu ömrü uzatır, kötülerin yıllarıysa kısadır" (Özdeyişler 10:27).

"RAB'den korkan tam güvenliktedir, RAB onun çocuklarına da sığınak olacaktır" (Özdeyişler 14:26).

Rab korkusunu edindiğimiz zaman güçlü bir güvene sahip oluruz. Artık kolayca korkmaz ya da üzülmeyiz. Tanrı çocuklarımız için sığınacak bir yer vaat ediyor. Yaşamı ve kutsamayı seçtiğimizde, bu kararımız soyumuzu da etkileyecektir. Rab korkusuna sahip olan kişi, çocukları için sığınacak bir yer bulacağından emin olabilir. İnanın bana, bu dünyada sığınacak bir yerinizin olması çok önemlidir.

"RAB korkusu yaşam kaynağıdır, insanı ölüm tuzaklarından uzaklaştırır" (Özdeyişler 14:27).

"RAB korkusu doygun ve dertsiz bir yaşama kavuşturur" (Özdeyişler 19:23).

Bu ayetler, Kutsal Kitap'taki en muhteşem ayetlerdendir. Bunlardan daha fazla vaat içeren başka bir ayet daha bilmiyorum. Rab korkusuyla yaşadığımızda sınırsız bir doyuma ulaşırız. Diğer taraftan, hayal kırıklığına uğramış ve tatminsiz isek yaşamlarımız Rab korkusundan yoksun demektir. Sonsuz doyum sağlamanın yanında Rab korkusu bizi kötülükten de uzak tutar. Rab korkusunun vaat ettiği şu üç şeyi yalnızca düşünerek bile saatler geçirebiliriz: Yaşama kavuşturur, doygun bir yaşam sağlar ve kötüden uzak tutar.

"Alçakgönüllülüğün ve RAB korkusunun ödülü, zenginlik, onur ve yaşamdır" (Özdeyişler 22:4).

Rab korkusuyla alçakgönüllülüğü birleştirmeliyiz. Zaten alçakgönüllülüğün tersi olan kibri Rab korkusuyla birleştirmek imkânsızdır. Bu gerçeğin üzerinde daha önce durduk. Alçakgönüllü davrandığımız ve Rab korkusu ile yaşadığımızda bize zenginlik, onur ve yaşam vaat edilir.

"Günahkârlara imrenmektense, sürekli RAB korkusunda yaşa. Böylece bir geleceğin olur ve umudun boşa çıkmaz" (Özdeyişler 23:17-18).

Gün boyunca Rab korkusunda yaşamak için hevesli olmalıyız. Rab korkusu hayatımıza nüfuz etmeli ve yaşantımızı şekillendirmelidir. Rab korkusuyla yaşayan ve hayatını buna göre idare eden kişinin ayırt edilir derecede farklı (ve son derece göz alıcı) bir yaşam tarzına sahip olacağına inanıyorum.

Rab korkusuyla yaşamak yalnızca arada sırada yaptığımız bir şey değildir (örneğin kiliseye gittiğimiz zamanlarda). Bazı insanlar kilisede son derece saygılı olurlar, ancak ne zaman kilisenin dışına çıksalar bu saygılarını bir kenara bırakıp normal davranışlarına (Rab korkusunu yansıtmayan davranışlara) geri dönerler. Ancak Kutsal Kitap bize bütün gün Rab korkusunda yürümemizi ve günahkârlara özenmememizi salık verir. Günahın görünen geçici ve hayal kırıklığına düşüren zevkleriyle ayartılmamalıyız.

Yukarıdaki özdeyişte sözü edilen son vaat gerçekten çok güzel bir vaattir: *"Böylece bir geleceğin olur ve umudun boşa çıkmaz"* (18. ayet). Bu gerçeği kabul etseler de etmeseler de, tüm insanlar için bugünün bir de yarını vardır. Rab korkusunda yaşamaya devam edenler için vaat edilen yarın, umutla dolu bir gelecektir. Rab korkusunun nihai yararı zamanın ötesine geçer ve sonsuzluk boyunca sürer. Onun kazandırdıkları bu dünyayla sınırlı değildir, aksine sonsuzluğa uzanır. Rab korkusu bize mezarımızın ötesine geçen bir umut (asla hayal kırıklığına uğratmayacak bir umut) verir. İşte Tanrı Sözü'nün bizlere vaadi budur.

Yaşam ve Rab korkusu ele ele giden iki unsurdur. Eğer dolu, bereketli, tatmin edici hayatlar yaşamayı arzuluyorsak, Rab korkusuna sahip olmalıyız. Bu kararı henüz vermemiş olanlar bunu şimdi yapmalılar.

Tekrar etmekte fayda var (özellikle Mezmurlar'da ve Özdeyişler'de) Rab korkusu uzun bir yaşam ve iyi günler görmekle bağlantılıdır. Rab korkusu günlerimizi uzatır. Diğer taraftan Rab'den korkmayanlar kötüdür, onların günleri kısalacaktır (Özdeyişler 10:27).

34. Mezmurda Kutsal Ruh, mezmur yazarı aracılığıyla konuşarak bize bir anlamda şöyle seslenir:

"Uzun ve iyi bir yaşam sürerek pek çok günler görmek istiyor musunuz? Rab korkusuna sahip olun."

Burada da mesaj aynı: Rab korkusu yalnızca uzun bir yaşam değil aynı zamanda da kaliteli bir yaşam sağlar. Yalnızca uzun süren bir ömür değil, iyi günler görmeniz için iyi ve uzun bir ömür sağlar.

Aşağıda, Mezmurlar ve Özdeyişler bölümlerinde açıklanan ve Rab korkusuyla yaşadığımız takdirde sahip olacağımızın vaat edildiği pek çok yarar ve kutsamalardan bazılarını görebilirsiniz. Bununla birlikte, hiçbir suretle bu listenin geniş kapsamlı bir liste olduğu izlenimini uyandırmak istemem.

İlk sırada ardı arkası kesilmeyen bir ruhsal paklanma yer alıyor. *"RAB korkusu paktır, sonsuza dek kalır"* (Mezmur 19:9).

İkincisi şudur: Yaşam ve pek çok iyi günler. Yaşamın tüm doluluğuyla (hem uzun hem de kaliteli bir yaşamın) Rab korkusuyla özdeşleştirildiği en az yarım düzine kadar bölüm mevcuttur.

Üçüncüsü kutsanmış ve mutlu bir ailedir. 128. Mezmurda karşımıza çıkan bu vaat kişinin kendisini, eşini, çocuklarını ve işini kapsar.

Dördüncü vaat ise kötülükten kaynaklanan tüm korkulardan özgürleşmektir. *"RAB'den korkan tam güvenliktedir"* (Özdeyişler 14:26).

Beşincisi güvenli bir yerdir (bir sığınak). (Özdeyişler 14:26).

Altıncı vaat şudur: Bizi ayartan ve hem fiziksel hem de ruhsal ölüm getiren Şeytan'ın tuzaklarından kurtuluş.

Yedincisi kalıcı bir tatmin duygusudur. *"RAB korkusu doygun ve dertsiz bir yaşama kavuşturur"* (Özdeyişler 19:23). Ne şaşırtıcı bir vaat! Çok az insan gerçekten ve devamlı olarak tatmin olmuş görünür. (Bu doğrudur, çünkü kalıcı doygunluk Rab korkusuna sahip olanlara vaat edilmiştir.)

Sekizincisi ise kötü olandan korunmaktır. *"...ve dertsiz bir yaşama kavuşturur"* (Özdeyişler 19:23).

Dokuzuncusu zenginlik ve onurdur.

Ve onuncusu da mezarın da ötesine uzanan bir umuttur.

Bunlar Rab korkusuna sahip olanlara vaat edilen pek çok kutsamadan yalnızca birkaçıdır.

BÖLÜM 12

KUSURSUZ BİR YÜREĞİN ANAHTARI

Şimdi biraz da Tanrı'nın kutsamasına girmeye hak kazanmış birinin Kutsal Kitap'a uygun bir resmine bakacağız. Bakacağımız ilk ayet 2. Tarihler bölümünden gelecek. Ben bu ayetin Kutsal Kitap'taki en dikkate değer ayetlerden biri olduğuna inanıyorum:

"RAB'bin gözleri bütün yürekleriyle kendisine bağlı olanlara güç vermek için her yeri görür" (2. Tarihler 16:9).

Rab'bin gözleri (bu ifade Kutsal Ruh'u nitelemektedir) dünyanın her neresinde yaşıyorsa yaşasın belirli özelliklere sahip bir tür insanı arar. O'nun gözleri, Kendisini o kişide güçlü bir şekilde gösterebilsin diye yüreği Tanrı'ya karşı eksiksiz bir şekilde bağlı olan birini arar.

"Bütünüyle Rab'be bağlı bir yüreğe" sahip olmak kişinin tüm yüreğini Rab'be çevirmesi ve yüreğinin bir parçasının bile Rab'be sırtını dönmemiş olması demektir. Böyle birinin tüm yüreği Rab'be odaklanmıştır. Tutum ve davranışlarının kökeninde şu sorular yatar: "Rab'bi nasıl memnun edebilirim? Rab benden ne bekliyor? Rab bu duruma nasıl bakıyor? Rab vereceğim bu karar hakkında ne düşünüyor?" Böyle birinin yüreği, Rab'den uzaklaşacak ya da O'ndan bir şey saklayacak bir yürek değildir.

Tam bağlılık Rab korkusu için gereken bir şarttır. Rab'den korkan insanlar Tanrı'nın yollarına (O'nu hoşnut etmeye ve O'nun iradesini yapmaya) tümüyle bağlı olurlar. Başka bir deyişle, kendilerini Rab'be adayan kişiler "köprüleri yakmak" zorundadırlar. Artık geri dönüş yoktur, bu kişiler kararlı bir adım atmışlardır.

Kutsal Kitap'ta Rab'be hizmet etmeye çağrılmış olan insanların çoğu bir şekilde gemilerini yakmak zorunda kaldılar. Geri dönülemez bir bağlılık kararı vermeleri gerekiyordu. Onlar için artık geri dönüş yoktu; ya hep ya da hiçti.

Bu koşul bugün de Rab'be hizmet edecek olanların yaşamlarında geçerliliğini korur. Bu benim yaşamım için de geçerliydi. Geriye baktığımda Tanrı'nın işini yapmak için geri dönüşü olmayan bir bağlılık kararı vermem gereken birden çok durumla karşı karşıya kaldığımı görebiliyorum. Bu kararımı geri çevirebileceğim bir yol yoktu, benim için artık geri dönüş yoktu.

Eğer Rab bizi böylesi bir bağlılık kararıyla karşı karşıya bırakıyorsa bu kararı vermekten korkmamalıyız. Gemileri yakıp imanla adım attığımız zaman Tanrı aksi takdirde asla keşfedemeyeceğimiz şeyleri gözlerimizin önüne serecektir. Tanrı için bir bağlılık kararı vermeliyiz.

"Bütün yürekleriyle kendisine [Rab'be] bağlı olanlar" ifade üzerinde biraz yoğunlaşalım. Kendimize bütün yüreğimizle ve tümüyle Rab'be bağlı mıyız diye sormamız gerekiyor.

Bütün yüreğiyle ve tümüyle Rab'be bağlı olan bir kişi her durumu Tanrı'nın bakış açısından görür. Böyle birisi "Tanrı bu durumu nasıl görüyor?" diye sorar, "Bu bana ne sağlayacak? Bu beni nasıl etkiler? Benim çıkarım nedir?" diye değil. Tanrı'nın bakış açısını anlamaya çalışan bu tutum, diğer tüm güdüleri ve baskıları reddederek onları gölgede bırakır. Hayatta birçok baskının var olduğunu deneyimlerimizden biliyoruz (toplum baskısı, kültür baskısı, medya baskısı, çarşı baskısı). Bunlar Tanrı'nın bizden yapmamızı isteyip istemediğini bilmediğimiz bazı şeyleri yapmamıza sebep olurlar.

Toplum görüşünden korkmak buna açık bir örnek olabilir. Pek çok insan, hayatlarının başka insanların onlar hakkında ne düşünecekleri ya da ne söyleyecekleri korkusuyla şekillenmesine izin verirler. Bu korku yanlış bir dürtüdür. Diğer yanlış bir dürtüyse kişisel çıkarcılıktır (yükselmenin, ünün ya da zenginliğin peşinden gitmek). Günümüzde popüler olan diğer bir dürtü de hazcılıktır (zevk peşinde olmak). Davranışları bunlardan biri veya daha fazlası aracılığıyla belirlenen sayısız insan görebiliriz.

Motivasyon kaynağı bunlar olan kişilerin aklı kolayca çelinebilir. Değişken ve güvenilmezdirler; onlara bel bağlayamayız. Böyleleri Rab korkusuna asla sahip olmamışlardır.

Yeremya 17'de iki tür insan görüyoruz: Biri kutsanmış, diğeri ise lanetlenmiş olan.

"RAB diyor ki, 'İnsana güvenen,
İnsanın gücüne dayanan,
Yüreği RAB'den uzaklaşan kişi lanetlidir.

Böylesi bozkırdaki çalı gibidir,
İyilik geldiği zaman görmeyecek;
Kurak çöle,
Kimsenin yaşamadığı tuzlaya yerleşecek'"
(Yeremya 17:5-6).

Bu bölüm lanetli adamı anlatır (bu adamın sorunu yüreğinin Rab'den sapmış olmasıdır). Yüreği tümüyle Rab'be bağlı değil ve güvendiği şey kendisidir (kendi akıllılığı, çabası ve kabiliyeti). Kendi planlarını yapar ve kendi kararlarını takip eder. Şimdi de kutsanmış olan adama bir bakalım:

"Ne mutlu RAB'be güvenen insana, güveni yalnız RAB olana! Böylesi su kıyılarına dikilmiş ağaca benzer, köklerini akarsulara salar. Sıcak gelince korkmaz, yaprakları hep yeşildir. Kuraklık yılında kaygılanmaz, meyve vermekten geri durmaz" (7-8).

Ne hoş bir anlatım! Güvendiğimiz kişi Rab olduğu zaman, sıcaktan korkmayız. Rab korkusu tüm olumsuz korkuları ortadan kaldırır.

Sağlıklı ağaçlar gibi taze ve yemyeşil oluruz. Asla bitkin düşmez ve solmayız, asla kavrulmaz ve susamayız. Kuraklık yılında endişemiz olmaz. Kim böyle olmak istemez ki? Herkes susuz ve çaresizken kuraklık zamanında bile hiçbir kaygı taşımamayı kim istemez?

Güvendiğimiz kişi Rab olduğu zaman asla meyvesiz kalmayız. Meyve veren ağaç, Rab korkusunda yaşayan ve yürüyen birinin (yüreği eksiksiz bir şekilde ve tümüyle Tanrı'ya bağlı birinin) sembolüdür.

Cevaplamamız gereken bazı sorular vardır: Kökümüz ne kadar derinlere uzanıyor? Yaşamlarımızın kaynağı nedir? Rab korkusu sayesinde köklerimiz yaşamın kaynağı olan yere doğru inecektir: Tanrı'nın Kendisi'ne.

Rab Korkusunun Görünümleri

Rab korkusunu yansıtan bu görünümler Tanrı halkının yaşadıklarında bulunabilir. Yeni Antlaşma'da Hristiyan kilisesinin ilk yıllarında yaşadığı büyümenin özetini görürüz. Bu özet Yahudiye, Celile ve Samiriye kiliselerini kapsar. Bu kiliseler, ilkin daha sonra iman ederek elçi Pavlus olarak anılacak olan Tarsus'lu Saul ile başlayan bir baskı ve zulüm döneminden geçmişlerdi. Kiliseler bu baskı döneminden çıkarak esenlik ve bereket dönemine girmişlerdi.

"Bütün Yahudiye, Celile ve Samiriye'deki inanlılar topluluğu esenliğe kavuştu. Gelişen ve Rab korkusu içinde yaşayan topluluk Kutsal Ruh'un yardımıyla sayıca büyüyordu" (Elçilerin İşleri 9:31).

Burada iki özellik birleşir: "Rab korkusu" ve "Kutsal Ruh'un yardımı [veya yüreklendirişi]." Kutuplaşmış bir bakış açısına sahip olmak kolaydır (örneğin ya sadece esenlik veya korku; ya sadece sevinç ya da titreyiş şeklinde düşünmek). Tekrar ediyorum, yalnızca Kutsal Ruh bunlar arasında bir denge kurabilir ve bize bereket getiren de bu dengedir.

Çoğumuz "gerçekten ihtiyacım olan şey esenlik, teşvik veya gerçek" diyebilir. Ancak esenlik ve teşviki yaşamımızda Rab korkusu olmaksızın alırsak ya uzun sürmezler ya da en derin ihtiyaçlarımızı karşılamakta yetersiz kalırlar. Rab korkusu olmaksızın esenlik ve teşvik bizi kaygısız, kibirli veya kendini beğenmiş biri yapabilir. Tek başlarına ihtiyaç duyulan sonucu üretemezler (Tanrı'nın istediği sonucu). Kutsal Ruh'un esenliği Rab korkusuyla (Kutsal Ruh'un esinlediği hürmetkâr bir korku ile) dengelenmelidir. Bu iki şeyi birbirinden ayırmamalıyız.

147

Daha da ileri giderek sıralamayı da tersine çevirmememiz gerektiğini söylemek istiyorum. Başka bir deyişle, her ne kadar pek çok insan böyle yapsa da esenlik korkudan önce aranmamalıdır. İlahi olarak esinlenen Tanrı Sözü Rab korkusunu ilk sıraya koyar ve onu Rab'bin esenliği izler. Bu düzeni takip ettiğimiz sürece her birimizin güvenlik içinde olacağına inanıyorum.

Bakalım ilk kiliseler bu sırayı takip ettiklerinde ne gibi sonuçlar ortaya çıkmış: Huzura kavuştular, geliştiler ve sayıca çoğaldılar. Kilisedeki bu üç sonuç, aynı zamanda Rab korkusu ve Kutsal Ruh'un esenliği arasında denge kurmayı başaran Hristiyanların yaşamlarında da görünecektir.

Kiliseler öncelikle esenliğe kavuştu. Diğer korkular esenlik getirmez, bu esenlik Rab korkusunun eşsiz bir sonucudur. İkinci olarak kiliseler gelişmeye başladı (daha güçlü bir hale geldiler).

Ve üçüncü olarak da kilise büyümeye başladı (sayıları artıyordu). Sayıca artsak dahi, Rab korkusuyla işe başlamamışsak sonuçlar muhtemelen yüzeysel ya da geçici olacaktır. Mantar gibi büyüyen ve küf mantarı gibi solan kiliseler gördüm. Soldular çünkü Rab korkusunda kökleş-memişlerdi.

Elçi Pavlus sürekli bir şekilde Kutsal Ruh ile dolmaktan (bir kez dolmak değil, sürekli olarak dolu olmak), birbirimize mezmurlar, ilahiler ve ruhsal ezgiler söylememiz gerektiğinden bahse-diyordu (Efesliler 5:18-20). Daha sonra da Efes-liler 5:21'de böyle bir tutumun nasıl bir yaşam tarzı yaratacağını açıkladı: *"Mesih'e duyduğunuz saygıdan ötürü birbirinize bağımlı olun"* ifade-siyle nitelenebilecek bir yaşam tarzı.

Bağımlı olmak kişinin Kutsal Ruh ile dolu olduğuna bir işarettir. Mesih'in bedeni içinde insanlara bağımlı olmak ilkin önderlerle değil birbirimizle başlar. Diğer ayetler önderlere bağımlı olmamızı söyler, ancak Mesih'in bedeni içinde en birincil olanı herkesin birbirine bağımlı olmasıdır. Bağımlı olmayı öğrenmemiş önderler önderlik yapmamalı. Petrus bizleri Tanrı'nın sürüsü üzerinde egemenlik sürmemek ve onlara örnek olmak hakkında uyarıyor (bkz. 1. Petrus 5:1-5). Bu bağlamda bize söylemeye çalıştığı şey esasen şudur: *"Hizmetkârlık giysisini üzerinize giyin ve birbirinize hizmet edin."*

149

Pavlus şöyle devam etti: *"Ey kadınlar, Rab'be bağımlı olduğunuz gibi, kocalarınıza bağımlı olun"* (Efesliler 5:22). Elbette bu ayet kadınlara hitap ediyor (ancak daha önceki ayetlerde Pavlus kardeşlerimize karşı bağımlı olmamızın gerekliliğinden söz ediyordu).

Bir keresinde başarılı bir Baptist öndere danışmanlık etmiştim. Bu adam büyük bir topluluk kurmuş ve birkaç da kitap yazmış olan bir çobandı. Görünüşte son derece başarılı biri idi. Ancak ev hayatının ve evliliğinin başarıdan uzak bir durumda olduğunu da benimle paylaşmıştı. Maalesef böyle bir durum pek çok topluluk için de geçerlidir. Bu adam benim için bereket olan bir hikâye de anlatmıştı. O ve karısı, dua etmek için yatak odasında yataklarının iki tarafında diz çökmüşler. Henüz yaşadıkları bir münakaşadan dolayı bunu yapmışlar. Tipik bir önder eş olarak adam karısına, "Ama Kutsal Kitap senin bana bağımlı olman gerektiğini söylüyor!" demiş. Karısı da şöyle cevap vermiş: "Tamam ama senin bu konuda pek de iyi bir sicilin yok. Neden şu anda sana bağımlı olmam gerektiğini bilmiyorum." Gerçek bir tartışmaya doğru ilerliyorlardı. Sonra bana şunu söyledi: "Soğuk rüzgâr gibi bir

150

şey yatak odasında esmeye başladı ve sonra bunun Tanrı korkusu olduğunu fark ettik." Öncelikle Tanrı korkusuna sahip olmadan başarılı ilişkiler yaşamayı umut edemeyiz. Önder ve karısı, bu meselenin kocanın eşine davranışıyla ya da eşin kocasına verdiği tepkiyle ilgili olmadığını fark etmişlerdi. Mesele şuydu: "Tanrı'dan korkuyor muyuz?"

Bu soru her ilişkinin arkasındaki itici güç olmalıdır. Bu mesele bizim kişiliklerimizle ilgili değil, Tanrı'nın bizzat Kendisi ve istekleriyle ilgilidir. Tanrı bizden birbirimize bağımlı olmamızı ister: Kocaların Kendisine, eşlerin kocalarına ve çocukların ailelerine bağımlı olmalarını ister. Eğer Rab'bin kutsamalarına sahip olmak istiyorsak O'nun şartlarını yerine getirmeliyiz.

Şimdi son bir kez her birimizin yaşamlarımızda neden Rab korkusuna sahip olmamız gerektiğinin değişmez bir sebebine daha bakalım:

"Sizi çağıran Tanrı kutsal olduğuna göre, siz de her davranışınızda kutsal olun. Nitekim şöyle yazılmıştır: 'Kutsal olun, çünkü ben kutsalım.' Kimseyi kayırmadan, kişiyi yaptıklarına bakarak yargılayan Tanrı'yı Baba diye çağırdığınıza göre, gurbeti andıran bu dünyadaki zama-

nınızı Tanrı korkusuyla geçirin. Biliyorsunuz ki, atalarınızdan kalma boş yaşayışınızdan altın ya da gümüş gibi geçici şeylerle değil, kusursuz ve lekesiz kuzuyu andıran Mesih'in değerli kanının fidyesiyle kurtuldunuz" (1. Petrus 1:15-19).

Bu sözler günahkârlara söylenmedi. Tanrı'nın Kendisine iman eden ve günahları bağışlanmış olan halkına söylendi. Petrus bu insanlara şöyle söyledi: *"Bu dünyadaki zamanınızı Tanrı korkusuyla geçirin"* (17. ayet). Petrus bu hürmetkâr korkuya neden sahip olmamız gerektiğini gösteren iki sebep vermiştir. İlk söylediği şey her birimizin kendimiz için Babamız Tanrı'ya hesap vermekle yükümlü olduğumuzdur. Hepimizi bir yargı günü bekliyor. Bu bir suçlama yargısı değildir, ancak bu yargı gününde yaşamlarımız (hizmetimiz ve sadakatimiz) değerlendirilecektir. Pavlus'un 2. Korintliler 5:10'da yazdığı gibi: *"Çünkü bedende yaşarken gerek iyi gerek kötü, yaptıklarımızın karşılığını almak için hepimiz Mesih'in yargı kürsüsü önüne çıkmak zorundayız."* Her birimizin bu gerçeği daima aklında bulundurması gerektiğine inanıyorum.

Tanrı'ya saygı ve korku içinde yaklaşmamızın ikinci sebebi ise Tanrı'nın bizi kurtarmak için gönüllü olarak ödediği bedeldir. *"...altın ya da gümüş gibi geçici şeylerle değil, kusursuz ve lekesiz kuzuyu andıran Mesih'in değerli kanının fidyesiyle"* kurtulduk (1. Petrus 1:18-19). Evrendeki en değerli şey bizim kurtuluşumuz için fidye olarak verildi. Bu gerçeğin ağırlığı bizim için böylesine büyük bir bedel ödemiş olanı hoşnut etmeyecek ya da onurunu kıracak bir şey yapmamamız için hürmet dolu bir Rab korkusunda yaşamamıza sebep olmalıdır.

BÖLÜM 13

BİZİM YANITIMIZ

Arzu ettiğimiz sonuca (yaşamlarımızda Rab korkusuna sahip olmaya) bizi ulaştıracağına inandığım dört önemli adım vardır.

İlk adım Özdeyişler 1'de bulunur. Bu konu üzerinde zaten birkaç kez durduk. Bilgelik kişiselleştirilerek bir kadının ağzından insanlara yakarır. Ayet pek çoklarının bu yakarışa sırt çevirdiğine ve bilgeliğin bu teklifini reddettiğine işaret eder:

"O zaman beni çağıracaksınız, ama yanıtlamayacağım. Var gücünüzle arayacaksınız beni, ama bulamayacaksınız. Çünkü bilgiden nefret ettiniz. RAB'den korkmayı reddettiniz. Öğütlerimi istemediniz, uyarılarımın tümünü küçümsediniz" (Özdeyişler 1:28-30).

Rab korkusuna sahip olmak için yapmamız gereken ilk şey kesin ve kişisel bir karar vermek-

154

tir. Şunu söylemeliyiz: "Rab, neye mal olursa olsun beni Rab korkusuna yöneltecek yolu yürümeyi seçiyorum. Bu konuda istekliyim, bu seçimi yapıyor ve bu kararı veriyorum." Bu kararı henüz vermemiş olanlar, Rab'be yüreklerinden seslenip "Rab, bu seçimi yapıyorum, ben Rab korkusunu seçiyorum. Beni ona yönelt" diyerek şu anda bu kararı verebilirler.

İkincisi de yine Özdeyişler'den gelecek. Öğüt ve uyarıları kabul etmek. Bilgelik Rab korkusuna sahip olmayan bu kişiler için şöyle diyor: *"Öğütlerimi istemediniz, uyarılarımın tümünü küçümsediniz"* (30. ayet) (Bu kişiler düzeltilmeye ve öğretilmeye açık değildiler).

İkinci adım ise bize Rab korkusunu öğreten kaynağa dönmektir: Kutsal Ruh'a. Kutsal Ruh'un Tanrı adına Tanrı'nın çocuklarına konuştuğu ve *"Gelin, ey çocuklar, dinleyin beni: Size RAB korkusunu öğreteyim"* dediği ayeti Mezmur 34:11'de görmüştük.

Rab korkusunu edinebilmek için Kutsal Ruh'un bize öğretmesine gönüllü olarak izin vermeliyiz. Öğrenmek içinse dinlemeliyiz. Bizimle konuşmaya çalışan birine sırt çevirip ona aldırış etmemek kabalıktır (bu durumda bize söyleyeceği şeyleri öğrenemeyiz).

Korkarım Tanrı'nın çocukları çoğu kez Kutsal Ruh'a karşı çok kaba davranıyorlar. O bizimle konuşmayı arzular, ancak bizim daha başka fikirlerimiz ve kişisel önceliklerimiz vardır, bu yüzden de O'nu duymayız ve O'ndan öğrenmeyiz.

Eğer Rab korkusuna sahip olma kararını verdiysek, artık Kutsal Ruh'a dönmeli ve şöyle demeliyiz: "Kutsal Ruh, bizim öğretmenimiz ol, gerçekten dinlemek istiyoruz. Duymamıza ve duydukça da öğrenmemize yardım et." Kutsal Ruh'a yönelik bir duyarlılığa sahip olmalıyız. Bu olmaksızın Rab korkusuna ulaşamayacağız. O, rehber ve öğretmendir. O, Tanrı'nın çocuklarına seslenip "Gelin, ey çocuklar, dinleyin beni: Size RAB korkusunu öğreteyim" diyendir.

Rab korkusuna sahip olmanın üçüncü adımı bizi yönetici olan kişilere götürür. İbraniler kitabında, Tanrı'ya hizmet eden yöneticilere karşı olan davranışlarımız hakkında konuşan iki bölüm vardır. Tanrı, Mesih'in bedeninde yönetmeleri ve başka diğer görevleri de yerine getirmeleri için Kendi seçimine göre kişiler atamıştır.

Bazı insanların tutumları şu şekilde olur: "Eğer Tanrı bana bir şey söylemek istiyorsa O'nu dinlerim, ancak insandan bir şey öğrenmek zorunda değilim."

Eğer bir kişi "Kutsal Ruh'u dinlerim, ancak insandan gelecek herhangi bir öğretiyi kabul etmeyeceğim" derse, o kişi Kutsal Ruh'un ellerini bağlıyor demektir. Bunu yapmaya hiç hakkımız yok. Kutsal Ruh bize çobanımız vasıtasıyla, bir müjdeci vasıtasıyla ya da radyoda yayın yapan bir Kutsal Kitap öğretmeni vasıtasıyla öğretmek istiyor olabilir. Tanrı bize hangi yolla aktarmak isterse istesin Kutsal Ruh'un öğretisini kabul etmeye istekli olmalıyız:

"Tanrı'nın sözünü size iletmiş olan önderlerinizi anımsayın. Yaşayışlarının sonucuna bakarak onların imanını örnek alın... Önderlerinizin sözünü dinleyin, onlara bağlı kalın. Çünkü onlar canlarınız için hesap verecek kişiler olarak sizi kollarlar. Onların sözünü dinleyin ki, görevlerini inleyerek değil –bunun size yararı olmaz– sevinçle yapsınlar" (İbraniler 13:7, 17).

Tanrı Mesih'in bedeninde iman örneği oluşturacak yöneticiler atamıştır. Bu bireyler Tanrı

Sözü'nü vaaz edip ruhlarımız için bekçilik ya-parlar. Eğer Rab korkusunu öğrenmeye niyetli-sek, bunun için Tanrı'nın hayatlarımıza koyduğu insanlara bağımlı olmamız hayati önem taşır.

"Kendisi kimini elçi, kimini peygamber, kimini müjdeci, kimini önder ve öğretmen atadı. Öyle ki, kutsallar hizmet görevini yapmak ve Mesih'in bedenini geliştirmek üzere donatılsın" (Efesliler 4:11-12).

Tanrı O'nun istediği kişiler olabilmemize yardım etmeleri için kilisede belirli kişileri ata-mıştır.

Adım dört, Tanrı Sözü tarafından öğretil-meyi arzulamaktır. Bu adım, Tanrı'nın Kendi çocuğuna konuştuğu Özdeyişler 2. bölümden gelir. Burada bizi doruk noktaya taşıyan dört ayet bulunur ve her ayette bir eşleme vardır:

"Oğlum, bilgeliğe kulak verip yürekten akla yönelerek sözlerimi kabul eder, buyruklarımı aklında tutarsan, evet, aklı çağırır, ona gönülden seslenirsen, gümüş ararcasına onu ararsan, onu ararsan define arar gibi, RAB korkusunu anlar ve Tanrı'yı yakından tanırsın" (Özdeyişler 2:1-5).

İlk eşleme Tanrı Sözü'nü kabul etme eylemleri ile Tanrı'nın buyruklarını akılda tutmaktan oluşur. Kulak vermek ifadesi boyun eğmek anlamına da gelir. Bu, öğretilmeye açık ya da alçakgönüllü olmak demektir. Demek ki yapmamız gereken şeyler sırasıyla bilgelik ve anlayışa boyun eğip (kulak verip) yürekten akla ve bilgeliğe yönelmektir. Üçüncü eşlemede "çağırmak" ve "seslenmek" ifadeleri kullanılır. Bu iki ifade tek kelimeyle dua sözcüğüne işaret eder (coşkun, ateşli bir dua). Tanrı'ya "Tanrım, buna sahip olmalıyız. Sen bunu bize verene kadar dua etmeyi kesmeyeceğiz" diyerek yakarırız.

Dördüncü ayet aramaktan bahseder (sürekli bir arama). Eğer bir kişi, bir parkta gömülü bir define olduğunu ve bu defineyi bulabildiği takdirde tümünün kendisinin olabileceğini duysaydı, hemen o parka gidip kazmaya başlamaz mıydı? Ellerinin su toplamasından endişe duyar mıydı? Hristiyan yaşamında çok çalışmadan pek az şey kazanılabilir. Bu yaşam define ile başlar, ancak bu define şahsi gayretimiz ve çalışkanlığımızla kazanılır.

Tekrar etmem gerekirse, uymamız gereken dört şart bulunmaktadır:

1. Tanrı'nın Sözü'nü kabul etmeli ve buyruklarını aklımızda tutmalıyız.

2. Bilgeliğe kulak vererek yüreğimizle akla yönelmeliyiz.

3. Aklı çağırmalı ve ona seslenmeliyiz.

4. Bilgeliği gümüş gibi ve saklı bir define gibi aramalıyız.

Bu özdeyişin tekrar etmeye değer bir sonucu var: *"RAB korkusunu anlar ve Tanrı'yı yakından tanırsın"* (5. ayet).

Bilginin ve Rab korkusunun el ele gittiğine dikkat edin. Nadiren birbirlerinden ayrılırlar. Düğüm noktası Rab korkusunu anlamak ve Tanrı bilgisini bulmaktır.

Hiçbir şey Tanrı bilgisine sahip olup O'nu (sonsuz, her şeye gücü yeten, her şeye kadir, her şeyi bilen Yaratıcı'yı) tanımaktan daha önemli olamaz. Peki, O'nu tanıma noktasına gelebilir miyiz? Evet, gelebiliriz; şartları yerine getirmek kaydıyla (Rab korkusu olmadan bunu başaramayız). İlk olarak Rab korkusunu anlamalıyız. İşte o zaman gerçekten Tanrı bilgisine erişebiliriz.

Rab korkusuna sahip olmak için şimdi derin bir arzu duyuyor muyuz? Şartları yerine getirmek konusunda istekli miyiz? Tanrı'nın aynı zamanda bir daveti olan bu teklifine nasıl bir yanıt vereceğiz? Tanrı'nın bize erişemeyeceğimiz hiçbir şeyi sunmayı vaat ettiğine inanmıyorum. Bu nedenle, Rab korkusunu anlayabilir ve (Tanrı'nın sayısız kutsamalarına geniş bir kapı açan) Tanrı bilgisine erişebiliriz.

YAZAR HAKKINDA

Derek Prince (1915-2003) Hindistan'ın Banga-lore eyaletinde, İngiliz ordusuna bağlı asker kökenli bir ailede doğdu. İngiltere'de Eton Lisesi ve Camb-ridge Üniversitesi'nde ve daha sonra İsrail'deki İbrani Üniversitesi'nde klasik diller (Yunanca, Latin-ce, İbranice ve Aramice) konusunda araştırmacı ola-rak eğitim aldı. Öğrencilik yıllarında sıkı bir felse-feciydi ve kendini ateist olarak ilan etmişti. Camb-ridge'deki King's Lisesi'nde antik ve modern felsefe derslerini başlattı.

İkinci Dünya Savaşı sırasında, İngiliz Sıhhiye Kolordusu'ndayken, Prince bir felsefe çalışması ola-rak Kutsal Kitap okumaya başladı. İsa Mesih'le yaşadığı güçlü birlikteliğin dönüşümüyle, birkaç gün sonra Kutsal Ruh'la vaftiz oldu. Bu yaşam değiştiren tecrübenin tüm hayatına işlemesiyle kendini Kutsal Kitap çalışmaya ve öğretmeye adadı.

1945'te Kudüs'te ordudan ayrılıp oradaki çocuk evinin kurucusu olan Lydia Christensen'le evlendi. Evliliğinde, Lyda'nın evlat edinilmiş sekiz kız çocu-ğunun da (altısı Yahudi, biri Filistin'li Arap, biri de

İngiliz) babası oldu. Ailece İsrail devletinin 1948'de yeniden doğuşunu gördüler. 1950'lerin sonunda Kenya'daki bir lisede müdürlük yaparken, başka bir kız çocuğu daha evlat edindi.

Prince 1963 yılında Amerika Birleşik Devletleri'ne göç etti ve Seattle'da bir kilisede pastörlük yapmaya başladı. John F. Kennedy'nin katledilmesinin de etkisiyle Prince, Amerikalılara kendi ulusları için Tanrı'nın önünde nasıl aracılık etmeleri gerektiğini öğretmeye başladı. 1973'de Amerika İçin Dua Eden Aracılar'ın kurucularından biri oldu. Dua ve Oruçla Tarihi Şekillendirmek adlı kitabıyla dünyanın dört bir yanındaki Hristiyanları kendi hükümetleri için dua etme sorumluluğu konusunda uyandırdı. Birçoklarına göre bu kitabın el altından yapılan gizli çevirileri SSCB, Doğu Almanya ve Çekoslovakya'daki komünist rejimlerin yıkılmasında etkin bir rol oynadı.

Lydia Prince 1975'de öldü ve Derek 1978'de Ruth Baker'la (evlat edindiği üç çocuğa annelik yapan bekar bir kadın) evlendi. İlk eşine rastladığı Kudüs'te Rab'be hizmet ederken ikinci eşiyle tanıştı. 1981'den Ruth'un öldüğü 1998 Aralık ayına kadar Kudüs'te beraber yaşadılar.

2003 yılında 88 yaşındayken hayata gözlerini kapamasından birkaç yıl öncesine kadar Tanrı'nın onu çağırdığı hizmetlerde çalışmaya devam etti.

Tanrı'nın açıkladığı gerçekleri duyurmak için dünyanın dört yanına seyahat etti, hastalar ve cinliler için dua etti ve Kutsal Kitap'ın ışığında dünyadaki olaylarla ilgili peygamberliklerde bulundu. Yazdığı elliden fazla kitap, altmıştan fazla dile çevrilerek tüm dünyaya dağıtıldı. Nesilden nesle geçen lanetler, İsrail'in müjdesel önemi ve demonoloji (Şeytan bilimi) gibi çığır açan konulardaki öğretilere öncülük etti.

Uluslararası merkezi North Carolina Charlotte'da bulunan Derek Prince Hizmetleri, dünyaya yayılmış şubeleriyle öğretilerini yaymaya ve hizmetkârlar, kilise liderleri ve cemaatler için eğitim vermeye devam etmektedir. Başarılı Yaşamın Anahtarları (şimdilerde Derek Prince'in Mirası Radyosu diye anılıyor) adlı radyo programı 1979'da başladı ve bir düzineden fazla lisana tercüme edildi. Tahminlere göre Prince'in açık, mezhepsel olmayan Kutsal Kitap öğretileri dünyanın yarısından fazlasına ulaştı.

Dünyaca tanınan bir Kutsal Kitap araştırmacısı ve ruhsal bir lider olarak Derek Prince, altı kıtada yetmiş yıldan fazla öğretti ve hizmet verdi. 2002'de şöyle demişti: "Benim (ve inanıyorum ki Rab'bin de) isteğim, altmış yılı aşkın bir süredir Tanrı'nın benim aracılığımla başlattığı bu hizmetin yaptığı işe İsa dönene kadar devam etmesidir."